Lernkrimi Spanisch

# El misterio del Camino de Santiago

Mario Martín Gijón
Iñaki Tarrés

W0173729

circon

# Vokabeltraining inklusive!

Lerne die Vokabeln zum Buch - mit phase6,
Deutschlands führendem Vokabeltrainer.*

www.phase6.de/s/a2633

Die Nr. 1 unter den Vokabeltrainern

* Bereitstellung als Vokabelpaket über phase6. Das erste Vokabelpaket
des Circon Verlages wird kostenlos bereitgestellt. Nutzbar
über Computer sowie Smartphones und Tablets mit Android/iOS.

© Circon Verlag GmbH
Baierbrunner Str. 27, 81379 München
Ausgabe 2020
4. Auflage

Redaktion: Sigrid Schulz, Ursula Bachhausen
Fachkorrektur: Pablo Pino
Produktion: Ute Hausleiter
Titelillustration: Karl Knospe
Lernkrimi-Logo: Carsten Abelbeck
Gestaltung: EKH Werbeagentur GbR, textum GmbH
Umschlaggestaltung: red.sign GbR, Stuttgart

ISBN 978-3-8174-1859-6
381741859/4

Besuchen Sie uns auf Instagram und Facebook: lernkrimi

www.circonverlag.de

# Vorwort

Liebe Leserin, lieber Leser,

sicher zum Lernerfolg – mit Spaß und Spannung! Die Compact Lernkrimis mit ihrer Kombination aus Lektüre und didaktischem Übungsanteil eignen sich hervorragend, um breite Sprachkompetenzen in der Fremdsprache zu erwerben. Der Lerner wird dabei durch die spannende Handlung, das angemessene Sprachniveau und den stetig ansteigenden Schwierigkeitsgrad der Übungen gefördert und motiviert.

Entwickelt nach neuesten Erkenntnissen der Fremdsprachendidaktik, sind Compact Lernkrimis das ideale Medium für einen Lernerfolg im Selbststudium. Durch die kleinen Texteinheiten und den hohen Übungsanteil sind sie aber auch als Unterrichtslektüre bestens geeignet.

**So lernen Sie mit Compact Lernkrimis:**

- **Mit Begeisterung lernen:** Die packende Krimihandlung motiviert Sie beim Lesen des spanischen Originaltextes.
- **Wissen intensivieren und erweitern:** Durch die Kombination aus didaktisch aufbereiteter Lektüre und textbezogenen Übungen testen und trainieren Sie Ihre Sprachkenntnisse effektiv. Vokabelangaben auf jeder Seite unterstützen Sie beim Lesen.
- **Systematisch lernen:** Knüpfen Sie an Ihr individuelles Sprachniveau an und setzen Sie eigene Lernziele.
- **Unabhängig sein:** Lernen Sie individuell – wo und wann immer Sie wollen.

Viel Spaß beim spannenden Erlernen der spanischen Sprache
wünscht Ihnen

Prof. Dr. Christiane Neveling
Didaktik der romanischen Sprachen, Universität Leipzig

# Inhalt

# El misterio del Camino de Santiago

Mario Martín Gijón

# 1 La excursión de fin de curso

Son las siete de la tarde de un día de julio en Galicia. Un grupo de jóvenes amigos camina por un sendero, donde un letrero señaliza que es un tramo del Camino de Santiago. Son Emilio, Virginia, Clara, Elsa, Gregorio y Roberto, un grupo de estudiantes de Historia. Para celebrar el final de sus estudios, hacen el Camino de Santiago.

| | |
|---|---|
| sendero *m* | Fußweg, Pfad |
| tramo *m* | Abschnitt |
| sorprender | überraschen, erstaunen |

–¡Qué suerte hemos tenido hasta ahora! –dice Virginia–. Llevamos cuatro días de camino y todavía no ha llovido. Esto en Galicia es casi increíble…

–¡Qué puede saber una madrileña sobre el clima de esta tierra! No llueve todo el año como creéis algunos. Simplemente no tenemos el calor insoportable que hace en el sur –responde Elsa.

–Todo tiene su lado bueno y su lado malo –dice Gregorio–. Sin tanta lluvia, no tendríamos este paisaje tan verde y tampoco estos bosques…

–Oye, Clara, ¿qué te pareció la iglesia de Santa María en Caldas de Reis? Yo no conocía esta iglesia. Una iglesia románica tan bien conservada en ese pueblo… –comenta Roberto, a quien no le gustan las discusiones entre Elsa y Virginia sobre temas tan aburridos como el tiempo.

–Pues sí, tienes razón, a mí me ha sorprendido también. No sé, hay una paz especial en esas iglesias, tan frescas, tan solitarias…

–Sí, una paz como la de una tumba –comenta Virginia.

–¿Qué pasa? ¿Ya echas de menos el estrés de Madrid? –pregunta Clara, un poco enfadada.

–Parece que Virginia hoy tiene ganas de discutir, nada le parece bien –comenta Elsa de mal humor.

–Tengamos paz, amigos –dice Emilio–, lo que tenemos que

| | |
|---|---|
| echar de menos | vermissen |
| enfadado | verärgert |
| deprisa | eilig, schnell |
| broma *f* | Witz, Scherz |
| callado | ruhig, still, verstummt |
| de repente | plötzlich |
| peregrino/a *m/f* | Pilger(in) |
| ermita *f* | Kapelle, Einsiedelei |
| valer *irr* la pena | sich lohnen |
| abandonar | verlassen |

hacer es andar un poco más deprisa para llegar a Pontecesures, descansar bien y, mañana, ¡a Santiago!

–Oye, Emilio, yo también quiero llegar mañana a Santiago, pero ya vamos bastante rápido, yo no puedo ir más deprisa –protesta Elsa.

–¡A ver, la gallega, pensaba que estabas en mejor forma! –exclama Gregorio, en tono de broma.

Roberto, que ha estado callado un rato, de repente dice:

–Oídme, ¡tengo una idea! He escuchado de otros peregrinos que cerca de aquí hay una ermita, la Ermita das Ánimas. Es una pequeña ermita románica que está algo apartada del camino. Es poco conocida pero me han dicho que vale la pena visitarla. La ermita está abandonada, pero tiene unas pinturas románicas muy interesantes. ¿Os parece bien ir a verla y luego seguimos el camino? No importa si llegamos tarde a Pontecesures, allá no tendremos problemas para pasar la noche.

Sus compañeros se quedan al principio un poco sorprendidos por la idea y no saben qué decir. En algunas horas comenzará a atardecer y aún les quedan veinte kilómetros hasta Pontecesures, por lo que podría hacerse de noche antes de llegar.

**Ejercicio 1: Plural.** Bilden Sie den Plural der folgenden Wörter! Achten Sie auf die Akzentsetzung.

**1.** el mejor _____

**2.** la idea _____

**3.** el kilómetro _____

**4.** la joven _____

**5.** el día _____

–Oye, Roberto, no sé si es una buena idea lo que propones –dice Emilio–. Se nos va a hacer muy tarde, incluso quizás de noche…
–¿Y qué pasa? ¿Te da miedo andar de noche? –pregunta Roberto con malicia.
Emilio pone cara de ofendido y no contesta.
–Emilio tiene razón, además yo estoy bastante cansada –dice Elsa–. Ya habrá otra ocasión para ver esa ermita.

| malicia f | Bosheit |
|---|---|
| ofendido | gekränkt, beleidigt |
| además | außerdem |

–¡Pues no sé cuándo! –responde Roberto–. Mañana llegaremos a Santiago, nos quedaremos dos días por las fiestas y luego nos volveremos todos, a Madrid o a donde sea… Es ahora o nunca.
–Oye, Roberto, ¿qué hay en esa ermita exactamente? –pregunta Gregorio con interés.
–Pues exactamente no lo sé. Son pinturas románicas, como dicen bien conservadas, pero que no son conocidas porque la ermita está dentro de una finca privada.
–¡Pues entonces no hay nada que hacer! –interviene Emilio–. Si es una finca privada no podemos entrar sin permiso. Incluso puede haber perros guardianes.

–Sí, que te van a morder, Emilio –dice Roberto.

–Y que te van a romper los pantalones vaqueros de marca… –comenta Gregorio, a quien no le cae bien Emilio.

–¿Pero qué os pasa? –pregunta Virginia–. Emilio tiene razón. ¿Para qué nos vamos a meter en problemas? Además, Roberto, ¿por qué no nos hablaste antes de esa ermita?

–Es que… –comienza Roberto, sin saber muy bien qué decir–. ¡Me gustan las sorpresas!

| | |
|---|---|
| morder *irr* | beißen |
| romper | zerreißen, zerbrechen, kaputtmachen |
| caer *irr* bien | sympathisch finden |
| locura *f* | Irrsinn |
| pegar un tiro a alguien | auf jdn. schießen |
| encontrar(se) *irr* con/a | treffen auf; sich treffen mit |
| extrañar(se) | (sich) wundern |
| acercarse (a) | sich nähern (an) |
| linterna *f* | Taschenlampe |
| sonrisa *f* | Lächeln |

–Hay sorpresas y sorpresas –dice Elsa–. Por una vez estoy de acuerdo con Virginia. Eso sería una locura. Pueden soltarnos los perros o incluso pueden pegarnos un tiro si piensan que somos ladrones y nos encontramos con algún loco.

–¡Una locura, una locura! ¡Menudos aventureros estáis hechos! Me extraña que no hayáis hecho el Camino de Santiago en coche o con guía turístico… –comenta Roberto, de mal humor.

–Yo creo que no perdemos nada por acercarnos con cuidado –dice Clara–. Está claro que somos turistas y no ladrones y, si se nos hace de noche, no hay problema, todos tenemos linternas. Si vemos que hay perros o alguien nos dice algo, nos volvemos y ya está. Y si no, pues vemos esa ermita, a ver si es tan interesante como dice Roberto.

–Creo que Clara tiene razón –apoya Gregorio–. No perdemos nada por acercarnos.

–Muy bien, entonces iremos Clara, Gregorio y yo –decide Roberto con una sonrisa de triunfo.

9

**Ejercicio 2: ¿Ser, estar o haber?** Ergänzen Sie die folgenden Sätze mit der richtigen Form von *ser, estar* oder *haber*!

**1.** Roberto _____ de mal humor.

**2.** Elsa _____ muy cansada.

**3.** Cerca del sendero _____ una ermita abandonada.

**4.** Emilio cree que puede _____ perros en la finca.

**5.** ¿Qué hora _____? _____ las siete y media.

**6.** La ermita _____ en una finca privada.

–Está bien… –comienza a decir Emilio.

–¡No, no! –le interrumpe Elsa–. Aquí hacemos todas las cosas en grupo. Nosotros vamos también. A ver si nos vais a tomar por cobardes.

–De acuerdo, perfecto –dice Gregorio–. A ver, Roberto, guíanos hacia esa ermita.

–Muy bien. Creo que hay que seguir por este camino –dice Roberto, echándose a andar.

Los amigos comienzan a andar por un sendero algo pedrego- so, hasta llegar a una valla con un letrero que pone "Propiedad privada". Roberto, sin dudarlo,

| | |
|---|---|
| tomar por | halten für |
| cobarde *m* | Feigling |
| pedregoso | steinig |
| valla *f* | Zaun |
| dudar | (an)zweifeln, zögern |
| barro *m* | Schlamm |

salta la valla, y Clara y Gregorio lo siguen. Virginia, Elsa y Emilio, tras pensarlo un poco, hacen lo mismo.

–¡Vaya por qué caminos nos llevas! Está todo lleno de barro…
–protesta Elsa.

–Y comienza a hacerse de noche –comenta Emilio.

–Estamos cerca ya –dice Roberto tranquilo.

En efecto, pocos minutos después ven una pequeña ermita gris, con las paredes ennegrecidas y el pórtico cubierto de hierbas.

–Aquí es –afirma Roberto.

–Desde luego, no solo no es turístico, sino que me parece un poco siniestro –dice Elsa.

–No sé si me apetece entrar –dice Virginia.

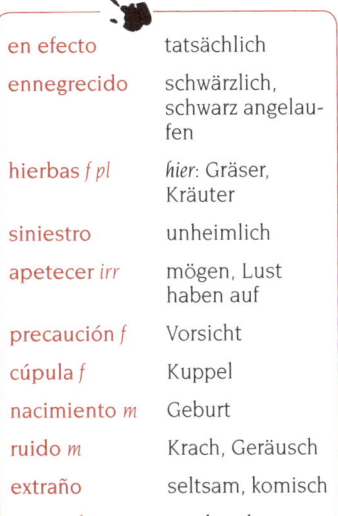

| en efecto | tatsächlich |
| ennegrecido | schwärzlich, schwarz angelaufen |
| hierbas *f pl* | *hier*: Gräser, Kräuter |
| siniestro | unheimlich |
| apetecer *irr* | mögen, Lust haben auf |
| precaución *f* | Vorsicht |
| cúpula *f* | Kuppel |
| nacimiento *m* | Geburt |
| ruido *m* | Krach, Geräusch |
| extraño | seltsam, komisch |
| asustado | erschrocken |

–A mí, desde luego, no –afirma Emilio.

–Pues yo, ya que hemos llegado aquí, creo que hay que entrar –dice Clara.

Roberto, con precaución, se acerca a la puerta y la abre con cuidado. Entra, seguido de Gregorio y Clara. La ermita está muy oscura. Los tres encienden sus linternas.

–Ey, qué bien se te ve a la luz de la linterna –comenta Roberto dirigiéndose a Clara, que le sonríe.

Mientras, Gregorio dirige la linterna a las paredes.

–¡Mirad! ¡Es impresionante! –exclama y señala a la cúpula, cubierta de pinturas románicas que representan el Nacimiento de Jesús.

Clara saca su cámara y toma unas fotos con flash. De repente, escucha un ruido extraño.

–¿Qué ha sido eso? –pregunta, un poco asustada.

–¿El qué? –preguntan Gregorio y Roberto.

–¿No habéis oído un ruido?

–No, pero quizás es alguna rata –dice Gregorio–. En un sitio así no me sorprendería.

Clara pasea con la linterna y se dirige hacia el fondo.

–¡Venid! –llama de repente–. Hay una escalera que baja hacia algún sótano.

–Podría ser una cripta –dice Gregorio.

–¿Bajamos? –pregunta Roberto.

–No sé si es buena idea, solo podemos encontrar esqueletos,

| sótano *m* | Keller |
| cripta *f* | Krypta |
| escondido | versteckt |
| agarrar | greifen, grob packen |
| tirador *m* | (Tür-)Griff |
| intentar | versuchen |
| desalentado | mutlos; atemlos |
| desaparecer *irr* | verschwinden |

no es algo muy interesante –dice Gregorio.

–Quién sabe, quizás hay algún tesoro escondido –dice Clara.

Y, tras decir esto, Clara baja la escalera. Roberto la sigue.

–Déjame a mí primero.

–No, ¿por qué? ¿Te crees más valiente que yo? No necesito que me protejan.

Clara agarra el tirador de la puerta e intenta abrirla, pero no puede. Gregorio y Roberto tiran de ella, sin resultado.

–Vaya, no se puede abrir, es imposible –dice Gregorio, desalentado.

Roberto y Gregorio vuelven a subir la escalera. Clara se queda pensativa. De repente, tira de la puerta y esta se abre.

–Venid, entrad –dice Clara al tiempo que entra.

En ese momento, la puerta se

> Vorsicht vor dem falschen Freund!
> *el tesoro* der Schatz
> *la caja fuerte* der Tresor
> Wie das deutsche „Schatz" kann *tesoro* auch im Spanischen als Kosewort verwendet werden:
> *mi tesoro* - mein Schatz
> *eres un tesoro* - du bist ein Schatz

cierra y Clara desaparece de la vista de Gregorio y Roberto.

–¡Clara! –grita Roberto, que se lanza a la puerta, intentando abrirla–. ¡No se puede abrir!

–Tenemos que buscar ayuda –dice Gregorio.

Gregorio y Roberto salen corriendo de la ermita. Emilio, Virginia y Elsa esperan, algo aburridos.

–¿Qué pasa? ¿Dónde está Clara?

–Quedó **encerrada** en una cripta, hay que pedir ayuda.

–¡En una cripta! ¡Pobre, qué miedo! –exclama Emilio.

| | |
|---|---|
| **encerrado** | eingesperrt, eingeschlossen |
| **darse** *irr* **prisa** | sich beeilen |
| **jinete** *m* | Reiter |
| **antorcha** *f* | Fackel |
| **echar a correr** | loslaufen |
| **ballesta** *f* | Armbrust |
| **clavar** | einrammen, feststecken, (fest) nageln |
| **pino** *m* | Pinie, Kiefer |

–Ya decía yo que no era buena idea… –comenta Virginia.

---

**Ejercicio 3: Preposiciones.** Lesen Sie weiter und unterstreichen Sie die richtige Variante!

–Bueno, ahora no hay **1.** a / que discutir, sino buscar ayuda. Y mejor si **nos damos prisa**, ya es casi de noche. En ese momento, oyen el galope **2.** de / donde unos caballos. A lo lejos ven unos **jinetes 3.** sin / con la cabeza cubierta y con **antorchas 4.** en / sobre las manos.

–¡Vámonos **5.** para / de aquí! –grita Emilio, y **echa a correr**, seguido **6.** por / para Virginia y Elsa.

---

–No podemos dejar a Clara allí –dice Roberto.

–Creo que esos jinetes no traen buenas intenciones –dice Gregorio, un poco asustado.

En ese momento, uno de los jinetes dispara con una **ballesta** una flecha que se **clava** en un **pino** a unos metros de Roberto. Él y Gregorio echan a correr.

# 2  La Santa Compaña

Afortunadamente para los estudiantes, los jinetes no los **persiguieron**, solamente querían **asustarlos**.

–¿Qué hacemos ahora?

–¡Tenemos que pedir ayuda! –grita Virginia–. ¡Qué miedo! ¿Quiénes serían esos jinetes?

–Yo voy a volver ahora mismo –dice Roberto–. No podemos dejar allí sola a Clara.

–No tiene sentido irse solo para allá, Roberto –dice Gregorio–. Vamos a buscar a la policía. Tiene que haber un pueblo por aquí cerca.

| | |
|---|---|
| **Santa Compaña** *f* | Heilige Gefolgschaft, Totenprozession (im galicischen Volksglauben) |
| **perseguir** *irr* | verfolgen |
| **asustar(se)** | (sich) erschrecken |
| **Edad** *f* **Media** | Mittelalter |

–Podríamos llamar por teléfono –dice Virginia–. Esperad un momento. Vaya… No me queda batería… ¿Quién más tiene móvil?

–Yo no lo tengo –dice Gregorio.

–Yo tampoco –dice Roberto–. Habíamos dicho que, si queríamos vivir como en la **Edad Media**, no era lógico traer los móviles.

–Sí, eso habíamos dicho –dice Elsa–. Ni móviles, ni ordenadores, ni nada que no pudieran llevar unos peregrinos antiguos. A mí no me pareció del todo bien, pero lo acepté.

–Claro, es que llevar móvil sería como hacer el camino en coche, ¿verdad? –pregunta Virginia con ironía.

–Yo pensé que esto nos iba a traer problemas, por eso yo también he traído mi móvil –dice Emilio, sacando su móvil con una sonrisa de triunfo–. Voy a llamar ahora mismo a la policía.

–¡Emilio sí que es un chico inteligente, y no vosotros con vuestras fantasías medievales! –dice Virginia, dirigiéndose a Gregorio y Roberto.

–Está bien, espero que sea útil –dice Gregorio.

–No sé yo, de todos modos estábamos en un terreno privado. Espero que no haya problemas por eso –dice Elsa con desconfianza.

–Bueno, una cosa es visitar una finca privada y otra que nos disparen con una ballesta –dice Virginia–. A ver, Emilio, ¿llamaste ya?

| | |
|---|---|
| desconfianza *f* | Misstrauen |
| cobertura *f* | Empfang (Handy) |
| a buen paso | zügig, flott |
| preocupado | besorgt |
| caminata *f* | Fußmarsch, Wanderung |
| aldea *f* | Dorf, Weiler |
| pizarra *f* | *hier*: Schiefer |
| escepticismo *m* | Skepsis |

–Sí, pero no sé qué pasa –dice Emilio, poniéndose nervioso–. Parece que no hay cobertura.

–No me extraña, estamos en pleno monte y en una zona sin ningún pueblo cerca –dice Gregorio.

–Ay, no digas eso… –protesta Emilio.

–Es la verdad –confirma Gregorio.

–El pueblo más cercano es Cordeiro –dice Elsa–. Si andamos a buen paso podemos estar allí en una hora.

Los estudiantes se ponen en camino. Van en silencio, preocupados por lo que ha pasado con Clara.

Al cabo de un rato de dura caminata, los estudiantes llegan a Cordeiro. Más que un pueblo, es una aldea formada por dos calles de casas de pizarra. Los estudiantes están algo sorprendidos.

–¿Estáis seguros que aquí vive alguien? –pregunta Virginia con escepticismo.

1. persiguieron   estudiantes   a   jinetes   los   no   los

   _____

2. una   está   finca   ermita   en   la   privada

   _____

3. estaba   Virginia   acuerdo   de   no

   _____

4. quedó   Clara   en   cripta   encerrada   se   la

   _____

–Parece un pueblo abandonado... –comenta Emilio.

–Sí, mirad, allí hay una mujer –señala Gregorio hacia una **anciana**, mientras se dirige hacia ella.

–Disculpe, señora –comienza Gregorio–. Necesitamos ayuda.

–Sí, ¿qué le **ocurre**, joven? –pregunta la anciana, acercándose para oír mejor.

–Una compañera nuestra ha desaparecido. Hay que llamar a la policía urgentemente.

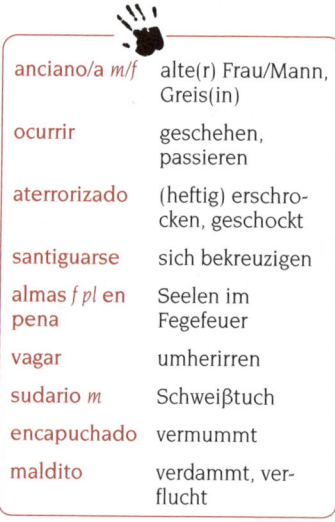

| | |
|---|---|
| **anciano/a** *m/f* | alte(r) Frau/Mann, Greis(in) |
| **ocurrir** | geschehen, passieren |
| **aterrorizado** | (heftig) erschrocken, geschockt |
| **santiguarse** | sich bekreuzigen |
| **almas** *f pl* **en pena** | Seelen im Fegefeuer |
| **vagar** | umherirren |
| **sudario** *m* | Schweißtuch |
| **encapuchado** | vermummt |
| **maldito** | verdammt, verflucht |

–¡Qué desgracia! –exclama la anciana asustada–. ¿Y cómo ha ocurrido?

Gregorio duda antes de contestar, pues sabe que ellos estaban en un terreno prohibido cuando ocurrió esto. Entonces interviene Roberto:

–Fuimos a la Ermita das Ánimas…

–¡La Ermita das Ánimas! –exclama la anciana–. ¡Por Cristo bendito! ¿Por qué fuisteis allí?

## Ejercicio 5: Vocabulario. Lesen Sie weiter und setzen Sie die vorgegebenen Wörter ein!

`finca`   `amiga`   `anciana`   `antorchas`   `puerta`

`pinturas`   `jinetes`

-Queríamos ver las **1.**　　　　　románicas de la ermita…

-¡Pero está en una **2.**　　　　　privada! Además…

-Además, ¿qué? -pregunta Roberto preocupado.

-Nada, nada. Pero ¿qué le pasó a vuestra **3.**　　　　　?

-Había una **4.**　　　　　en la ermita, ella entró y quedó encerrada. Luego salimos y, cuando íbamos a pedir ayuda, de repente vinieron unos **5.**　　　　　con **6.**　　　　　…

-¡Dios mío! ¡La Santa Compaña! -grita la **7.**

aterrorizada, a la vez que se santigua rápidamente.

–¿Cómo? –preguntan Gregorio y Roberto sorprendidos.

–La Santa Compaña son las almas en pena que vagan con sus sudarios y que van encapuchadas. ¡Ay, qué horror! Eso pasa por entrar en esa ermita maldita… ¡Qué desgracia la de vuestra amiga! Seguro que era una chica muy joven también…

–Tranquilícese [i], señora –dice Roberto–. ¿Qué está diciendo? ¿Por qué dice eso? ¿Y por qué está maldita la ermita?

–Vuestra amiga seguro que ya está con la Santa Compaña. La ermita está maldita por el ermitaño que vivía en ella, estaba enamorado de una joven campesina, pero alguien lo denunció ante el obispo. El pobre ermitaño enloqueció y mató a su amada. Después, él fundó la Santa Compaña…

| ermitaño *m* | Eremit |
|---|---|
| denunciar | anzeigen, verraten |
| obispo *m* | Bischof |
| enloquecer *irr* | verrückt werden, den Verstand verlieren |
| fundar | gründen |
| susurrar | flüstern |
| en vez de | anstelle von, anstatt |
| supersticioso | abergläubisch |
| bruja *f* | Hexe |
| desaparición *f* | Verschwinden |

–Esta vieja está loca, creo yo –susurra Virginia a Elsa–. No sé por qué la escuchamos en vez de seguir buscando a la policía.

–Yo en tu lugar tendría más respeto por esa mujer. No podemos saberlo todo, hay cosas que no se pueden explicar… –dice Elsa.

–Vaya, parece que es verdad que los gallegos son supersticiosos. Eso de que no creen en las brujas, "pero de haberlas, las hay" –comenta Virginia.

–Puedes reírte, si quieres, pero, ¿cómo explicas tú la desaparición de Clara y a esos jinetes encapuchados? –pregunta Elsa.

Virginia se queda en silencio. Mientras, Gregorio y Roberto siguen discutiendo con la mujer. Emilio, de repente, comienza a hablar con una autoridad poco habitual en él:

–Creo que debemos dejarnos de tonterías y avisar a la policía.

> Werden an eine bejahte Befehlsform Pronomen angehängt, erhält der Vokal der betonten Silbe der Imperativform ggf. einen Akzent.
> *¡Levántate!*
> *¡Cómpramelo!*
> *¡Tranquilícese, señora!*
> *¡Explícaselo a la policía!*

–Emilio tiene razón –dice Virginia–. A ver, señora, ¿dónde podemos hablar con la policía?

–La policía no puede hacer nada contra ciertas cosas…

–Vamos a ver… Ah, ahora parece que mi móvil sí tiene cobertura –dice Emilio–. Sí, hola, buenas tardes. Es algo urgente. Somos un grupo de peregrinos. Una amiga ha desaparecido en la Ermita… ¿Cómo se llamaba? –pregunta Emilio a Elsa–. Ah, sí, la Ermita das Ánimas. Muy bien, muchas gracias.

Cuando termina de hablar, Emilio sonríe:

–Dice que estarán aquí en veinte minutos, nos llevarán a Santiago y comenzarán inmediatamente a buscar a Clara.

Poco después, llega una furgoneta de la policía municipal. Un agente, con cara de mal humor, les pregunta qué ocurre. Elsa se lo explica todo. El policía, entonces, decide:

–De acuerdo, nosotros nos hacemos cargo del asunto. ¿Dónde estáis alojados?

–En ningún sitio. Estábamos haciendo el Camino de Santiago –explica Elsa.

–De acuerdo. Creo que entonces lo vais a terminar en coche. Os llevaremos a un albergue en Santiago. Posiblemente tendremos que llamaros a declarar.

A la mañana siguiente, y después de pasar la noche en un albergue, los amigos se reúnen. Todos están abatidos. La policía aún no ha logrado encontrar a Clara. Entonces, Elsa tiene una idea.

–Tengo una idea sobre alguien que quizás puede ayudarnos.

–¿Quién? ¿Algún hada buena? –pregunta Virginia burlona.

–No, un profesor.

| | |
|---|---|
| hacerse *irr* cargo de algo | sich um etw. kümmern |
| alojar | unterbringen |
| abatido | niedergeschlagen, bedrückt |
| lograr | schaffen, erreichen |
| hada *f* | Fee |
| burlón, burlona | spöttisch, höhnisch |

–¿Un profesor? –preguntan Virginia y Emilio sorprendidos.

–Sí, se llama Miguel Ángel Lemus y es un gran especialista en Historia del Arte. Quizás puede explicarnos algo de esa ermita.

| | |
|---|---|
| convencer *irr* | überzeugen |
| prestigioso | angesehen |
| despacho *m* | Büro, Sprechzimmer |
| recorrer | entlanggehen, -laufen, durchqueren |

–Ah, sí, el profesor Lemus, he leído cosas de él –dice Gregorio.

–No sé cómo podría ayudarnos él a encontrar a Clara –dice Roberto, hablando entre dientes.

–Roberto, no perdemos nada por ir allí… –intenta convencerlo Gregorio.

–Está bien –dice Roberto–. Pero yo habría preferido quedarme junto a la ermita hasta que encontrasen a Clara. Nunca me perdonaré haberme ido como un cobarde.

–¿Estás diciendo que somos todos unos cobardes? –pregunta Virginia, pero Roberto no contesta.

Los cinco amigos caminan hacia la Universidad de Santiago, una de las más prestigiosas y antiguas de España, pues fue fundada en 1495. Elsa le pide el móvil a Emilio para llamar al profesor.

–Hola, Miguel Ángel, ¿qué tal? ¿Estás en tu despacho? ¿No? ¿Y dónde? Ah, sí, la Rectoría, ¿qué haces allí?

Después de terminar la llamada, Elsa explica a sus amigos:

–Está en la Rectoría de la Universidad, en la Plaza del Obradoiro…

–¿Allí? Vaya, yo pensaba llegar allí después de recorrer el cami-

In Spanien wird weitaus häufiger geduzt als in Deutschland. Unter Gleichaltrigen, Kollegen, Bekannten und Freunden ist das *tú* nahezu ein Muss. Es ist allerdings unverbindlicher als das deutsche „du" und drückt nicht automatisch eine innige Nähe der Gesprächspartner aus. Unbekannte spricht man am besten erst einmal mit *usted* an. Wird man selbst vom Gegenüber geduzt, kann man ebenfalls auf das *tú* umschwenken.

no a pie… –dice Roberto **decepcionado**.

–Podemos hacer un trato. No entrar en la catedral hasta después de encontrar a Clara y de andar el tramo del camino que nos falta –propone Elsa.

| | |
|---|---|
| decepcionado | enttäuscht |
| contemplar | betrachten |
| calvo | glatzköpfig, kahl |

–De acuerdo –aceptan todos.

En la Plaza del Obradoiro los amigos **contemplan** sorprendidos la Catedral de Santiago de Compostela. En la Plaza del Obradoiro se halla el kilómetro cero de los diferentes caminos a Santiago. Al oeste está el Palacio de Rajoy, edificio de estilo neoclásico, construido en el siglo XVIII y que, actualmente, es la sede de la Xunta, el gobierno regional de Galicia.

Frente a este puede verse el Colegio de San Jerónimo, también llamado Colegio de Artistas, y que originalmente era un colegio mayor destinado a los estudiantes sin recursos. Actualmente alberga el Rectorado de la Universidad de Santiago.

## Ejercicio 6: Participios. Bilden Sie die Partizipien!

**1.** sorprender    _____

**2.** construir    _____

**3.** llamar    _____

**4.** terminar    _____

**5.** contemplar    _____

**6.** decepcionar    _____

Los estudiantes llegan al despacho del profesor Miguel Ángel Lemus. Es un hombre de unos cuarenta años, **calvo** y con gafas,

vestido elegantemente y que recibe a Elsa con una alegre sonrisa. Ambos se conocen bien y se tutean.

—¡Qué sorpresa, Elsa! No esperaba verte. Desde que te fuiste a
terminar tus estudios a Madrid no hemos sabido nada de ti.

—Sí, es que en Madrid se pasa el tiempo volando, no hay tiempo
ni para escribir a los amigos.

—Bueno, ¿y qué te ha traído por aquí?

Elsa le cuenta con detalle lo del Camino de Santiago y la
extraña desaparición de Clara.

| tutear | duzen |
|---|---|
| ¿Por quién me tomas? | Für wen hältst du mich? |
| halagado | geschmeichelt |
| exagerar | übertreiben |
| magnífico | ausgezeichnet, großartig |
| obstáculo *m* | Hindernis |

—Mmm… La Ermita das Ánimas…

—¿Habías oído hablar de ella? —pregunta Roberto.

—¡Claro que sí! ¿Por quién me tomas?

—Lo siento, perdona. ¿Cómo no iba a conocer esa ermita el
mayor especialista de arte románico de España?

Ahora Miguel Ángel se ríe, halagado.

—No exageres, no soy el mayor especialista de España, ni siquie-
ra de Galicia, pero esa ermita sí es conocida por los amantes
del arte medieval. Tiene unas pinturas románicas magníficas.
Lamentablemente, está dentro de una finca privada, y su dueño
pone todos los obstáculos posibles para evitar la entrada en
ella.

—¿Obstáculos como jinetes encapuchados y que disparan fle-
chas?

—¿Cómo dices? ¿Estás de broma?

Elsa parece querer decir algo, pero no se atreve:

—¿Qué piensas de la leyenda de la Santa Compaña?

Miguel Ángel ríe:

—Esa leyenda…, cuentos de viejas. Aunque el refrán dice "no

creo en las brujas, pero de haberlas, las hay", yo no creo en esas cosas.

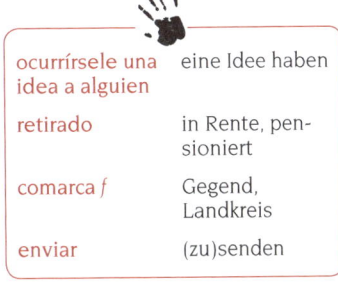

| | |
|---|---|
| ocurrírsele una idea a alguien | eine Idee haben |
| retirado | in Rente, pensioniert |
| comarca *f* | Gegend, Landkreis |
| enviar | (zu)senden |

–¿Cree que la policía encontrará a Clara? –pregunta Roberto.

–No estoy tan seguro. Pero, ¡se me ocurre una idea! No sé cómo no lo pensé antes. Tengo un amigo que quizás puede ayudaros. Se llama Raimundo Vaqueira, un detective retirado que vive en el pueblo de Tuy. Él conoce a todo el mundo en esa comarca, mucho mejor que ningún otro policía.

–Eso parece interesante –dice Elsa–. ¿Puedes darme su dirección en Tuy?

Miguel Ángel escribe la dirección en un papel. Luego parece recordar algo y busca entre unos libros:

–¡Ah! Quería darte esto, iba a enviártelo a Madrid, pero no sabía tu dirección –le dice, a la vez que le da un libro.

–'Guía mágica de Galicia [i]' –lee Elsa sobre la cubierta del libro.

–Para que no te olvides de tu tierra –dice el profesor.

–¡No me olvido! –exclama Elsa–. Mi amiga Virginia puede confirmártelo.

A la salida de la Rectoría, los cinco amigos están algo más optimistas.

–Te debo una disculpa, Elsa –dice Roberto–. No sé si ese detective nos ayudará en algo, pero será mejor que estar sin hacer nada.

> Mit seinem auf die keltischen Vorfahren zurückgehenden magischen Volksglauben und seinen Bräuchen erinnert Galicien in so manchem eher an Irland. Flamenco-Gitarren sucht man in Spaniens Nordwesten vergebens. Hier erklingt die Gaità – ein Dudelsack.

–No tienes que disculparte por tu reacción, Roberto. Es normal, estamos todos muy preocupados por Clara.

# Un detective pescador y un millonario jugador

Tras un viaje de una hora y media en autobús, los estudiantes llegan a Tuy, bella población en la frontera con Portugal. Tuy es una de las ciudades más antiguas de Galicia, anterior a la conquista romana. Está situada en la comarca de las Rías Baixas, famosa en toda España por sus mariscos. Los amigos bajan en la estación junto a la Plaza Nueva del Mercado.

–Según Miguel Ángel, Raimundo vive en la Rúa dos Peixes, que está en el centro de Tuy –dice Elsa.

–Qué bien. Así, de paso vemos algunos monumentos –comenta Gregorio, que nunca olvida su amor por la Historia.

–Oiga, señora, ¿la Rúa dos Peixes? –pregunta Virginia a una anciana, que se queda extrañada, y luego le indica:

–Ah, sí, todo recto, calle arriba –dice señalando con la mano.

–Vaya, parece que esa mujer se sorprendió por tu pregunta –comenta Virginia.

| | |
|---|---|
| pescador/a *m/f* | Angler(in) |
| conquista *f* romana | römische Eroberung |
| mariscos *m pl* | Meeresfrüchte |
| de paso | nebenbei, bei der Gelegenheit |
| colina *f* | Hügel |

–Es que por aquí la gente habla más en gallego que en castellano –explica Elsa–. Aunque de todos modos Tuy es una pequeña ciudad. Hay pueblos donde prácticamente solo se habla gallego.

–Bueno, vamos calle arriba. Parece que esa calle está en lo alto de una colina –dice Roberto–. Hay que seguir caminando.

En efecto, la parte más antigua de Tuy está sobre una pequeña colina. Los estudiantes llegan junto a la catedral de Santa María de Tuy, una imponente construcción de estilo románico, con torres almenadas y pasadizos.

–Vaya, parece más un castillo que una iglesia –comenta Virginia, sorprendida.

–Es que antiguamente la catedral servía también como fortaleza. No olvidéis que estamos en la frontera. Desde esa torre que se llama Torreón de los Soutomaior, puede verse todo el valle del Miño y Portugal.

| | |
|---|---|
| torres *f pl* almenadas | zinnenbesetzte Türme |
| vaya | na so was |
| pasadizo *m* | Durchgang |
| fortaleza *f* | *hier*: Festung |
| humilde | bescheiden; einfach |
| impaciente | ungeduldig |

–Parece que Tuy antes era una ciudad más importante que ahora.
–Sí, era una de las siete capitales del Reino de Galicia y tenía un importante puerto. Pero desde el siglo XIX mucha gente humilde tuvo que emigrar a América, como en toda Galicia.
–¿Y por aquí vive Vaqueira? –pregunta Virginia, algo impaciente.
–Sí, es por aquí cerca –dice Roberto, que tiene un mapa.
Por fin llegan a la Rúa dos Peixes, número diecisiete y llaman a la puerta. Nadie contesta. Una mujer que está limpiando el suelo delante de la puerta de su casa, les pregunta:

**Ejercicio 7: Pronombres interrogativos.** Lesen Sie weiter und setzen Sie das passende Fragewort ein!

dónde    quién    qué    cómo

–¿A **1.**                        buscáis? –pregunta la mujer, tuteando a los chicos.

–¿Vive aquí Raimundo Vaqueira? –pregunta Gregorio.

–Sí, pero no está.

–¿Y **2.**             podemos encontrarlo? –pregunta Virginia.

–¿Y **3.**             quieres que lo sepa?

Virginia se ríe en voz baja y comenta a Gregorio:

–Eso es "responder a la gallega". Se dice que los gallegos siempre responden con otra pregunta…

Gregorio sonríe, pero la mujer la ha oído:

–Oye, chica, ¿ **4.**             dices?

Elsa interviene:

–No **haga** usted **caso** a mi amiga. ¿No tiene idea de dónde está Raimundo? Es un asunto importante.

–**Supongo** que está **pescando**. Ese hombre se pasa los días en el río.

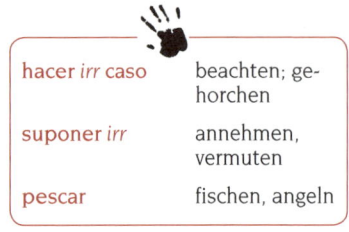

| | |
|---|---|
| **hacer** *irr* **caso** | beachten; gehorchen |
| **suponer** *irr* | annehmen, vermuten |
| **pescar** | fischen, angeln |

–¿Y cómo podemos encontrarlo?

–Pues por ahí cerca del Puente Internacional. Pero no del nuevo, sino del antiguo.

–Muy bien, muchas gracias por la información.

–Todo este camino para nada. Tu amigo Miguel Ángel debió darnos el número de móvil de ese hombre o debió decirle que veníamos –comenta Virginia.

–No sé si tiene móvil. Miguel Ángel dice que Raimundo lleva una vida muy sencilla –contesta Elsa.

–Sí, muy sencilla pero… ¿vivir sin móvil?

–Aunque no lo creas, es posible –dice Roberto con ironía.

Virginia lo mira sorprendida. Desde la desaparición de Clara,

Roberto ya no es el mismo. Antes era el líder del grupo, ahora apenas habla, y parece ausente de lo que le rodea.

–Yo no veo a nadie por aquí –comenta Gregorio–. Quizás esa mujer nos ha **engañado**.

–Sí, allí hay un hombre –dice Roberto, señalando una mancha verde oscura.

–¡Qué **vista** tienes! –exclama Virginia sorprendida–. Casi no se le ve entre las plantas de la orilla del río…

| | |
|---|---|
| orilla *f* | Ufer |
| diseñar | entwerfen |
| unir | vereinen, verbinden |
| engañar | betrügen |
| vista *f* | *hier*: Sehkraft |
| bulto *m* | *hier*: Bündel |
| impermeable *m* | Regenmantel |

Los estudiantes se acercan algo nerviosos. En efecto, el **bulto** de color verde oscuro es un hombre con un **impermeable** de ese color, sentado sobre un tronco de árbol y que, completamente inmóvil, sujeta una caña de pescar.

–Esto me da mala espina…
–susurra Emilio a Virginia–. No sé si deberíamos molestarle.
Elsa se adelanta decidida:
–Perdone, señor, ¿es usted don Raimundo Vaqueira?
El hombre se da la vuelta. Debajo de la capucha del impermeable los estudiantes ven el rostro de un hombre con largas barbas grises y unos profundos ojos marrones.
–¿Y quién eres tú, moza?
–Me llamo Elsa Carballido. Un

| | |
|---|---|
| tronco *m* | Stumpf, Baumstamm |
| caña *f* de pescar | Angelrute |
| Esto me da mala espina. | Ich habe kein gutes Gefühl dabei. |
| molestar | belästigen, stören |
| adelantarse | vorauseilen |
| decidido | entschlossen |
| darse *irr* la vuelta | sich umdrehen |
| capucha *f* | Kapuze |
| rostro *m* | Gesicht |
| insistir | bestehen auf, insistieren |

amigo me habló de usted. Me dijo que era el mejor detective de Galicia.

–¡No soy detective! –grita el hombre, de repente muy enfadado–. ¡No me molesten con tonterías! ¡Déjenme pescar en paz!
–No queríamos molestarlo, señor, pero se trata de un caso grave. Una amiga ha desaparecido…
–Bueno, pues para eso está la policía, ¿no?
–La policía la está buscando, pero no la ha encontrado. Desapareció en circunstancias muy extrañas…
–Eso explícaselo a la policía, yo no tengo por qué escucharte.
–Vámonos, Elsa, no sirve para nada insistir –dice Emilio.

Raimundo ist noch immer der beste Detektiv Galiciens. Das Imperfekt besagt hier nicht, dass sich dies geändert hat. Steht das Verb des Sagens in einer Vergangenheitszeit, wird in der indirekten Rede aus dem Präsens der direkten Rede ein Imperfekt.

–No, espera, no me voy hasta que no diga lo que tengo que decir

–Elsa se vuelve otra vez hacia el detective:

–Clara desapareció en la Ermita das Ánimas. Ya sé que no debimos entrar, es una finca privada…

Raimundo, de repente, escucha con atención:

–¿Sí? –pregunta a Elsa, animándola a continuar.

–Pero nos expulsaron unos jinetes encapuchados, que incluso nos dispararon con una ballesta.

–¿En serio? –pregunta Raimundo sorprendido.

| | |
|---|---|
| volverse *irr* (hacia) | sich (zu jdm./etw.) umdrehen |
| expulsar | vertreiben |
| en serio | im Ernst |
| jurar | schwören |
| empresario/a *m/f* | Unternehmer(in) |
| cultivo *m* | Anbau |
| albariño *m* | Weißwein aus Galicien |
| compasivo | mitfühlend |

–¡Se lo juro! Aunque quizás solo para asustarnos, pues afortunadamente nadie resultó herido.

–La Ermita das Ánimas…

–Está cerca de Cordeiro –interviene Roberto.

–Sé dónde está. En una finca propiedad de Manuel Louzán.

–¿Quién es Manuel Louzán? –pregunta Roberto.

–Eso no importa ahora… –dice Raimundo.

–Me parece que sí… –insiste Roberto.

–Es un empresario, uno de los hombres más ricos de las Rías Baixas. Tiene fábricas de conservas, cultivos de albariño…

–¿Albariño? –pregunta Virginia.

–Es el vino típico de las Rías Baixas –explica Elsa.

–¿No sabes lo que es el albariño? –dice Raimundo, a quién le parece muy extraña la pregunta de Virginia.

–Es que Virginia es de Madrid –explica Elsa, ahora a Raimundo.

–Ah, bueno… –dice Raimundo con una sonrisa que a Virginia le parece compasiva.

–¿Qué más sabe usted de Manuel Louzán? –pregunta Roberto.

–Mucho preguntas tú, joven. ¿Es que lo conoces?

–No, pero por el tono de su voz creo que hay algo más sobre él.

–Bueno, simplemente se rumorea, o más bien es algo que sabe todo el mundo, que ese hombre participa en negocios oscuros…

## Ejercicio 9: Gerundio. Bilden Sie das Gerundium! Achten Sie auf unregelmäßige Formen!

1. preguntar _____
2. explicar _____
3. insistir _____
4. tener _____
5. saber _____
6. ir _____

–¿Negocios de qué tipo?

–Bueno, de qué va a ser, de narcotráfico. Aquí, en las Rías Baixas, en la Ría de Arousa, por desgracia hay mucho tráfico de drogas. Son muchos kilómetros de costa difíciles de vigilar, y siempre ha habido mucho contrabando. Es una pena, en una zona tan hermosa muchas personas están corrompidas por el dinero de la droga…

–¿Pero tiene pruebas de que Louzán participa en ese negocio?

| | |
|---|---|
| participar en | an etw. teilnehmen |
| narcotráfico m | Drogenhandel |
| por desgracia | leider |
| vigilar | bewachen |
| contrabando m | Schmuggel |
| corrompido | korrupt |
| prueba f | Beweis |

–sigue preguntando Roberto.

–Sí, las tengo, y en su momento las presenté a las autoridades…

–¿Y qué pasó? –pregunta Roberto.

–Nada…, ya he dicho que aquí hay mucha gente que ha caído en la corrupción por el dinero de la droga. Me dijeron que las pruebas no eran suficientes. Además, empecé a tener problemas con el director de la policía en Pontevedra. Dijeron que yo no hacía bien mi trabajo, que no hacía lo suficiente en la lucha contra la droga y acusaba a personas inocentes…

| | |
|---|---|
| caer(se) *irr* | fallen |
| retirarse | *hier*: in Rente gehen; sich zurückziehen |
| exigir (algo de alguien) | (etw. von jdm.) verlangen, (jdm. etw.) abverlangen |
| reflexionar | nachdenken |
| ⚡ tener *irr* una cuenta pendiente con alguien | mit jdm. noch eine Rechnung offen haben |
| preocupar(se) | (sich) Sorgen machen, beunruhigen |

–¿Y era cierto? –pregunta Virginia.

–¡Por supuesto que no! Estoy seguro de que Manuel Louzán usó su influencia e hizo que al jefe de Pontevedra le llegaran informaciones falsas sobre mí. Me empezaron a hacer la vida imposible, y finalmente decidí retirarme. Hay criminales demasiado poderosos, contra los que un detective humilde como yo no puede hacer nada. Lo siento, chicos, no soy un James Bond, creo que os han informado mal sobre mí.

–Yo no lo creo –dice Roberto con voz clara y fuerte–. Creo que es a usted precisamente a quien necesitamos. Clara desapareció en la finca de Manuel Louzán. Debe llevarnos a ver a Louzán y exigirle que nos ayude a encontrarla, como sea.

Raimundo Vaqueira reflexiona durante unos minutos. Finalmente se decide:

–De acuerdo, me habéis convencido. Es cierto que tengo una cuenta pendiente con Louzán y, además, me preocupa qué ha podido pasarle a vuestra amiga.

Raimundo comienza a recoger su caña y su **equipo de pesca**.

–Vamos a mi casa, desde ahí llamaremos a Louzán.

Los chicos entran en el **coche todoterreno** del señor Vaqueira, que los lleva a su casa, pasando por el centro.

| | |
|---|---|
| equipo *m* de pesca | Angelausrüstung |
| coche *m* todoterreno | Geländewagen |
| aparcar | (ein)parken |
| viga *f* | Balken |
| chimenea *f* | Kamin |
| gruñir | grunzen, knurren |

–¿Habéis visto la catedral?

–Sí, ¡es impresionante! –comenta Gregorio.

–No es como la de Santiago, pero vale la pena pasarse por Tuy –confirma Raimundo, sonriendo–. Además, aquí se come muy bien por poco dinero.

## Ejercicio 10: Adverbios. Bilden Sie die Adverbien!

1. preciso _____
2. inocente _____
3. final _____
4. urgente _____
5. normal _____ .
6. completo _____

Raimundo **aparca** el coche junto a su casa. Es una típica casa de piedra gallega, con **vigas** de madera y **chimenea**. Llama a la puerta pero nadie abre. **Gruñendo**, saca la llave.

–Vaya, Maruxa parece que no está, habrá ido a la casa de la vecina, como siempre…

–¿Quién es Maruxa? –pregunta Virginia con curiosidad.

–¿Quién va a ser? Mi esposa –contesta Raimundo.

Ya en la casa, Raimundo busca una agenda y marca un número.

–Sí, buenos días. ¿Podría hablar con el señor Louzán? ¿No está? ¿Y dónde está? Ah, bueno… Muy bien, no se preocupe.

Raimundo cuelga el teléfono.

| | |
|---|---|
| colgar *irr* | *hier*: auflegen |
| lujoso | luxuriös |
| vigilado | bewacht |
| aparcamiento *m* | Parkplatz |
| valioso | wertvoll |

–¿Qué pasa? –pregunta Roberto, curioso.

–Vamos al coche de nuevo. Está en el Casino de la Toja.

–¡Vaya! Parece que hay gente que no sabe en qué gastar el dinero –comenta Elsa.

–Tienes razón –dice Raimundo.

El Casino de la Toja es el lugar de juego más lujoso de Galicia. Está situado en la isla de La Toja – 'A Toxa' en gallego – muy cerca de la playa de A Lanzada y de Vilagarcía de Arousa. Para llegar a la isla hay una carretera, vigilada siempre por dos guardias.

–Es para que nadie robe en el casino y pueda escapar –explica Elsa.

Al llegar con su coche, un guardia le pregunta a Raimundo:

–Buenos días. ¿Qué quiere?

–Vamos a visitar a un amigo en el casino.

El guardia mira con desconfianza la ropa de los chicos y luego acepta:

–Bueno, venga, pase.

Cuando entran en el casino, los chicos se explican esta mirada. Ya en los aparcamientos, solo hay coches de lujo, y dentro, relucen valiosas joyas en los cuellos de las mujeres y los hombres llevan elegantísimos trajes.

En una mesa junto a la ruleta, ríe sonoramente un hombre gordo, con un elegante traje verde. De repente, al ver a Raimundo, deja de reír por la sorpresa:

–¡Hombre, Raimundo, qué haces aquí!

–Hola, Louzán. ¿Desde cuándo somos amigos para que me tutees?

–No te enfades. ¿Qué pasa, no pescaste ningún pez hoy?

–Por ahora, todavía no he pescado el pez que querría.

| | |
|---|---|
| mala suerte *f* | Pech |
| vicio *m* | Laster |
| patrimonio *m* público | Gemeingut |
| maleducado | flegelhaft, schlecht erzogen |
| acudir (a) | *hier*: sich wenden an; sich einfinden |

–Pues mala suerte. ¿Por qué no pruebas la ruleta? Quizás tengas más suerte…

–No tengo ese vicio.

–Tú te lo pierdes. Y quiénes son estos chicos. ¿Tus sobrinos?

–No, son unos peregrinos, que por curiosidad entraron en tu finca.

–Ajá, qué curiosos. ¿No saben leer los carteles que dicen 'Propiedad privada'?

–Pues sí, pero queríamos conocer la Ermita das Ánimas, que debería ser patrimonio público y cuya entrada está cerrada –dice Roberto.

Manuel Louzán se queda mirando un momento a Roberto.

–Bueno, ¡qué chico más impertinente! Sí, la entrada a la ermita está prohibida, porque hay pinturas muy valiosas y no quiero que entren jóvenes maleducados y las llenen de graffiti. Y, por otra parte, si queríais entrar, habríais podido avisarme y os lo habría permitido con mucho gusto.

–Está muy bien saberlo, pero ahora mismo nuestra amiga Clara ha desaparecido y queremos encontrarla –dice Roberto.

–¿Y no habéis acudido a la policía?

**Ejercicio 11: Formas del verbo.** Unterstreichen Sie die richtige Variante!

**1.** Cuando los chicos llegaron al casino encontraban / encontraron a Manuel Louzán jugando a la ruleta.

**2.** Virginia no sabía / supo qué es el albariño.

**3.** Al guardia del casino no le gusta / guste la ropa de los chicos.

**4.** Según Vaqueira, Manuel Louzán hizo / haría llegar al jefe de policía informaciones falsas sobre él.

**5.** ¿ Tuviste / Tuvistes suerte en la ruleta?

–Sí, claro, pero hasta ahora no han encontrado a nadie.

–Pues tened paciencia.

–Tenemos paciencia, pero nos parece muy extraño que haya desaparecido así… –continúa Roberto.

–Y, sobre todo, ¡que nos hayan atacado unos jinetes encapuchados! –exclama Elsa, que había estado callada hasta entonces.

–Pero, ¿qué dices, muchacha?
¿Qué jinetes encapuchados?

–¡Unos jinetes con antorchas!
Manuel Louzán empieza a reír-
se, acompañado de sus amigos.

| acompañar | begleiten |
| colorado | *hier*: rot; farbig |

–¿Habéis oído? Esta chica cree en la Santa Compaña…
Todos ríen.

–¡No es cosa de risa! ¡Nos dispararon con una ballesta!
Los amigos de Louzán ríen aún más fuerte.

–¡Con una ballesta! –dicen, colorados por la risa.

Entonces, Raimundo Vaqueira interviene con tono grave:

—Oye, Louzán, esto es serio. No sé qué negocios sucios te traerás entre manos, pero no permitiré que por eso tenga que sufrir una chica inocente.

Louzán responde igualmente muy serio:

—Aquí el único sucio que hay eres tú, Raimundo Vaqueira, que hueles a vaca, y tus amigos también. Habéis interrumpido una partida muy interesante, y creo que es mejor que os vayáis con vuestras leyendas a otra parte.

| | |
|---|---|
| serio | ernst |
| ⚡ traer *irr* algo entre manos | etw. Im Schilde führen |
| ⚡ de mala gana | widerwillig, ungern |
| entrega *f* | Lieferung |
| encargarse de algo | sich um etw. kümmern |

Unos guardias uniformados vienen entonces y les piden a los chicos que se vayan. Ellos aceptan de mala gana. Cuando van a salir, Roberto dice que tiene que ir al baño, pues ve que Manuel Louzán ha entrado en los aseos.

Estando en el baño, escucha a Manuel Louzán, que está hablando por teléfono.

—Sí, la entrega donde siempre. Sí, ahí, en la Cova das Pedras Negras. Sí, no te preocupes, nos encargaremos de eso.

# Compañías nada santas

Roberto cuenta a Raimundo y a sus amigos lo que ha escuchado. Raimundo reflexiona y luego dice:

–Debemos hacer un plan. Vamos a volver a la Ermita das Ánimas.

–¿Seguro que es una buena idea? –pregunta Emilio, temblando.

–No queda otra opción. Creo que Clara aún se encuentra ahí, no sabemos en qué estado.

–Estoy de acuerdo con Raimundo –afirma Roberto con decisión–. Si alguien tiene miedo, no tiene por qué venir.

–Yo no tengo miedo… –afirma Emilio sin mucha convicción.

–De todos modos no podemos ir así. Debemos llevar armas –afirma Raimundo.

Raimundo lleva a los chicos a su casa. Lo recibe una mujer

| temblar *irr* | zittern |
| convicción *f* | Überzeugung |
| hogar *m* | Heim |
| cotillear | tratschen |
| ir *irr* de caza | auf die Jagd gehen |
| ir *irr* a por algo | etw. holen gehen |
| cobertizo *m* | Schuppen |

de unos cincuenta años, que se le acerca sonriente a darle un beso.

–Mmm, hogar, dulce hogar. ¿Ya volviste de cotillear, Maruxa? –pregunta Raimundo.

–No es cotillear, es simplemente que me intereso por los vecinos –contesta ella.

–Bueno, es otra forma de decirlo. Oye, voy a ir de caza con unos amigos, vamos a por las armas al cobertizo.

**Ejercicio 12: Oveja negra.** Welches Wort ist das „schwarze Schaf"? Unterstreichen Sie!

1. llevar   hogar   molestar   interesar   ir
2. en   de   no   sobre   por
3. nunca   siempre   hacia   a veces   ahora
4. carcajada   encapuchado   caza   caña   pesca
5. dulce   alegre   mujer   preocupada   corrupta
6. bueno   mayor   mejor   peor   malo

Raimundo los lleva a una pequeña cabaña, donde cuelgan rifles. Da uno a Roberto, otro a Gregorio y queda uno libre.
Virginia dice:

–¡Uy, yo no sé cómo manejar eso!

–Yo tampoco… –dice Emilio.

–A ver, dame a mí –pide Elsa con decisión.

Después de cargar los rifles se

| | |
|---|---|
| cabaña *f* | Hütte |
| rifle *m* | Gewehr |
| manejar | umgehen mit, handhaben |
| empujar | stoßen, drücken |

ponen en camino. Roberto hace de guía y llegan a la valla con el cartel de 'Propiedad privada'. Raimundo estaciona el coche. Emilio y Virginia se quedan dentro del coche. Los demás salen y saltan la cerca. Se dirigen a la ermita y entran.

En la ermita hay un silencio absoluto. Bajan la escalera e intentan abrir la puerta. Al principio no pueden pero, empujando a la vez Gregorio, Roberto, Raimundo y Elsa, la puerta se abre. Está todo oscuro y Raimundo tiene que encender una linterna. Allí ven una mesa y varias cajas de cartón.

–Qué curioso –comenta Gregorio–. Parece que en esta cripta se hacen cosas muy extrañas.

–Sigamos adelante. Parece que hay un pasadizo allí –dice Raimundo.

| | |
|---|---|
| trepar | hinaufsteigen, klettern |
| pradera *f* | Wiese |
| manada *f* | Herde |
| apuntar | *hier*: zeigen auf, zielen auf |

Los amigos y Raimundo caminan por un larguísimo pasadizo lleno de humedad.

–¿Adónde irá [i] a parar esto? –se pregunta Elsa, algo asustada.

Tras caminar unos diez minutos por el pasillo, de repente ven una luz que viene de arriba.

–Por ahí hay una salida –dice Roberto.

En efecto, hay un hueco en el techo. Roberto, con ayuda de Gregorio, trepa por las piedras y sale al exterior. Luego da la mano a Elsa, a Gregorio y finalmente a Raimundo. Se encuentran en una pradera, en la que hay dos caballos sueltos.

–¿De quién serán estos caballos? –pregunta Gregorio.

–Por aquí hay manadas de caballos sueltos, casi salvajes, pero que tienen dueño –explica Raimundo–. Seguramente son de Louzán.

–¿Habéis oído eso? Se oyen voces –dice Gregorio alarmado.

De repente ven llegar a lo lejos dos jinetes encapuchados.

Roberto apunta con su rifle y Elsa también. Gregorio, tras dudarlo, carga su rifle y apunta a los jinetes. Raimundo no se mueve.

> Das Futur dient nicht nur zur Beschreibung künftiger Handlungen oder Ereignisse, sondern wird häufig auch dazu verwendet, Zweifel oder Unsicherheit auszudrücken.
> *¿Adónde irá a parar esto?*
> Worauf das wohl hinausläuft?
> *¿De quién serán estos caballos?*
> Wem gehören wohl diese Pferde?
> *¿Cuánto costará este coche?*
> Wie viel dieses Auto wohl kosten mag?

–Creo que es inútil. Mirad –dice, señalando hacia otro lado, por donde vienen cinco jinetes–. No podremos con todos.

–¡Vámonos! –grita Gregorio, pero ni Roberto ni Raimundo se mueven.

–No, vamos a ver quiénes son –dice el detective.

Entonces llegan los jinetes encapuchados. Uno de ellos lleva una ballesta pero el otro tiene una pequeña ametralladora.

–¡Las armas al suelo! –grita el de la ametralladora, apuntando.

–De acuerdo –dice Raimundo, vencido, y tira el rifle al suelo.

| | |
|---|---|
| ametralladora f | Maschinengewehr |
| atar | festbinden |
| cuerda f | Schnur, Strick |
| mordaza f | *hier*: Knebel |
| descender *irr* | (her)absteigen, herunterkommen |
| atado | gefesselt, festgebunden |
| lancha f | Boot, Kahn; Motorboot |
| alta mar f | hohe See, offenes Meer |
| curiosidad f | Neugier |
| amenaza f | Drohung |
| callar(se) | schweigen, verstummen |
| impacientarse | die Geduld verlieren |

–¡Así me gusta! –exclama uno de los jinetes–. Y, ahora, ¡andando!

–Espera un momento –dice el otro–. Hay que hacer las cosas bien.

El jinete baja, ata con cuerdas las manos de Raimundo y de los estudiantes y les tapa la boca con una mordaza. Luego caminan por la pradera, que va descendiendo hacia el mar. Llegan a una cueva.

–Más pesca traemos aquí. No sé qué vamos a hacer con tanta gente –dice uno de los jinetes.

En la cueva está Clara, atada a una silla. El corazón de Roberto da un salto al verla de nuevo con vida.

–Bueno, ahora tenemos que esperar lo que diga el jefe –dice uno de los jinetes.

Un rato después llega un enorme coche todoterreno, del que baja Manuel Louzán.

–Quitadle la mordaza al viejo –ordena a uno de los jinetes.

–Tienes dos opciones, Raimundo. O juras no decir nada, cerrar la boca y no volver a poner el pie en mi propiedad, y lo mismo vale para tus amigos. O, si no aceptas este trato, os llevaremos en una lancha en alta mar y allí os dejaremos con los peces. Ya nos las arreglaremos para que parezca un accidente.

Raimundo mira a Louzán largo rato. Luego se decide a hablar:

### Ejercicio 13: Verbos. Lesen Sie weiter und ergänzen Sie die Endungen der Verben!

–No **1.** entien_____ , Louzán, ¿por qué todo?, ¿para qué los jinetes?

Louzán **2.** sonr_____ :

–Es una manera cómoda de no **3.** atra____ la curiosidad de la gente. La gente de Cordeiro y otros pueblos **4.** sig_____ creyendo en la Santa Compaña, y eso **5.** sirv_____ más que ninguna amenaza para que no **6.** entr_____ en mis terrenos.

Raimundo **7.** vuel_____ a callarse. Louzán se impacienta:

–Bueno, ¿qué **8.** dic_____? ¿Vas a callarte y no meterte más en mis asuntos, o no? Ya **9.** sab_____ que por la boca **10.** muer_____ el pez… –dice, y **11.** rí_____-. Un pescador como tú **12.** tien_____ que saberlo bien…

Raimundo reflexiona, sabe que tiene que ganar tiempo.

–Louzán, deja libres a los chicos, ellos no son culpables de nada.

–No, si no prometen antes lo mismo que tú –responde Louzán agresivo.

–Louzán, somos tú y yo quienes tenemos una cuenta pendiente…

–¿A qué te refieres? –pregunta Louzán.

–Ya sabes a lo que me refiero. Los manejos gracias a los cuales tuve que dejar mi trabajo en la policía de Pontevedra… Louzán se ríe:

–¿Y acaso no estás mejor

| | |
|---|---|
| culpable | schuldig |
| estar *irr* para algo | für etw. aufgelegt sein |
| sermón *m* | *hier*: dummes Gerede; Predigt, Sermon |
| mercancía *f* | Ware |
| helicóptero *m* | Hubschrauber |
| altavoz *m*, altavoces *pl* | Lautsprecher |
| rendirse *irr* | sich ergeben |

ahora, Raimundo? ¿No llevas una vida más tranquila, dedicado a la pesca? ¿Qué te molesta de que yo… haga mis negocios?

–Esos negocios cuestan la vida a mucha gente, Louzán…

–Bueno, no estoy para sermones ahora, tengo prisa.

–Ya sé que tienes prisa, estás esperando una entrega de mercancía, ¿verdad? –pregunta Raimundo.

Louzán lo mira sorprendido y la sonrisa desaparece de su cara:

–¿Cómo lo sabes?

En ese momento escuchan un ruido sobre sus cabezas. Dos helicópteros de la policía nacional se acercan. Uno de ellos desciende mientras suena por un altavoz:

–Manuel Louzán, entregue las armas, y también sus compañeros. Ríndanse a la policía.

Louzán, muy nervioso, agarra a Raimundo Vaqueira y le apunta con una pistola.

–¡Váyanse! Si no quieren que no quede nadie con vida…

–Señor Louzán, eso le costaría terminar su vida en la cárcel. No tiene escapatoria… Y la mercancía que estaba esperando ya no llegará…

–¡Maldita sea! ¡Maldito pescador! ¡Malditos estudiantes!

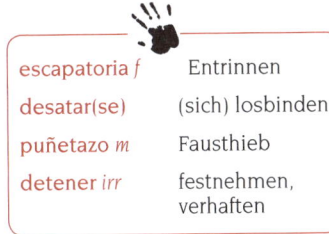

| escapatoria _f_ | Entrinnen |
| desatar(se) | (sich) losbinden |
| puñetazo _m_ | Fausthieb |
| detener _irr_ | festnehmen, verhaften |

Raimundo aprovecha el nerviosismo de Louzán para desatarse y darle un puñetazo en la cara, que lo hace caer al suelo.

–¡Muy bien! –grita Clara.

Los jinetes, mientras tanto, han huido por el pasadizo. Raimundo desata a sus amigos y a Clara, y luego ata las manos a Louzán, apuntándole con su propia pistola.

Mientras los helicópteros salen a perseguir a los jinetes, una lancha de la policía de La Coruña llega a la playa para detener a Louzán.

Todos los amigos están muy felices de verse libres y de haber encontrado a Clara sana y salva. Todos la abrazan.

**Ejercicio 14: Contrarios.** Übersetzen Sie die folgenden Wörter und tragen Sie das Gegenteil auf Spanisch ein!

**1.** atar _____ ≠ _____

**2.** culpable _____ ≠ _____

**3.** sano _____ ≠ _____

**4.** encontrar _____ ≠ _____

**5.** cobarde _____ ≠ _____

**6.** acercarse _____ ≠ _____

**7.** por desgracia _____ ≠ _____

Esa noche, Raimundo invita a cenar a los jóvenes peregrinos. Sentados a la mesa, Elsa dice a Raimundo:

—Todavía no me explico cómo pudo encontrarnos la policía en un sitio tan escondido.

Raimundo se ríe.

—Cuando fuimos al cobertizo por los rifles, también me traje un arma más útil –dice Raimundo, mientras se levanta y va a un armario por un aparato.

| | |
|---|---|
| localizador *m* vía satélite | GPS-Gerät |
| sospecha *f* | Verdacht |
| olla *f* | Topf |
| tapa *f* | Deckel |
| abundante | ausgiebig, üppig, reichlich vorhanden |
| pulpo *m* | Tintenfisch |
| sonrojarse | erröten |
| descorchar | entkorken |
| brindis *m* | Trinkspruch, Toast |

—Es un localizador vía satélite, que transmite además sonidos. Con él, la policía sabía en cada momento en dónde estábamos…

—Yo tenía la impresión de que la policía no haría nada, que estaban vendidos a Louzán…

—También yo tenía mis sospechas, por eso recurrí a la policía de La Coruña. Conozco al comisario de allí, y sé que él no conocía a Louzán. Gracias a eso pudieron ayudarnos.

En ese momento llega Maruxa con una gran olla.

—Bueno, basta de charla, que se enfría la cena –dice con una sonrisa, a la vez que levanta la tapa de la olla donde se ve un abundante pulpo con pimentón.

—Mmm… Pulpo a la gallega, mi plato preferido –dice Elsa.

Maruxa reparte la cena entre todos los amigos.

—Riquísimo.

—Delicioso…

—Pues de postre hay Tarta de Santiago. ⓘ

—Desde luego se come muy bien en Galicia –admite Virginia.

—Hablando de Santiago, mañana tenemos que ir a la Catedral… –dice Gregorio.

–Pensaba que habíais ido ya –dice Clara.

–¿Cómo íbamos a ir sin ti? –pregunta Roberto.

–Vaya, gracias… –dice Clara, sonrojándose.

–¿Se te ha olvidado que somos un equipo? –pregunta Elsa.

En ese momento Raimundo descorcha una botella de albariño y llena las copas.

–Propongo un brindis… ¡Por los buenos compañeros!

Die *Tarta de Santiago* ist ein traditioneller Mandelkuchen aus Galicien. Die *Tarta* besteht aus einem Rührteig aus Eiern, Zucker, Butter und Mandeln und wird mit Puderzucker abgestäubt. Seit die Konditorei Casa Moro in Santiago de Compostela in den 1920er-Jahren den Traditionskuchen erstmals mit einem Jakobskreuz in der Puderzuckerschicht verzierte, hat sich das markante Kreuz als Erkennungszeichen der echten *Tarta de Santiago* durchgesetzt.

–¡Y por la Santa Compaña! –añade Gregorio.

–¡No, por eso no! –grita Maruxa.

Todos ríen, y brindan de nuevo por la amistad.

# Verano porteño

**Iñaki Tarrés**

# Vuelo 537 con destino Buenos Aires

Me llamo Sabina, tengo más de 10 años de experiencia como azafata y me han pasado muchas cosas curiosas. Tengo bastantes anécdotas que contar y siempre tuve mucha suerte. Por ejemplo, estuve en Tailandia y Malasia la semana anterior al tsunami de 2004, y en Bangkok tres días antes de los atentados de 2008, y en Beirut dos días antes de empezar los bombardeos. No sé por qué, me salvo siempre de muchas situaciones peligrosas. Nunca me pasó nada. Solo esta vez pasó algo peligroso, y yo fui protagonista. Es lo que voy a contar ahora aquí.

**Ejercicio 1: Opciones.** Lesen Sie weiter und unterstreichen Sie die richtige Variante!

Tengo que confesar **1.** que / cuando no sé muy bien **2.** qué / cómo explicarlo. Yo no escribo **3.** mucho / muy frecuentemente. Me gusta la vida: disfrutar, viajar, conocer gente, hablar **4.** con / en todo el mundo, ver cosas nuevas. **5.** No / Sí me da miedo lo desconocido, aunque **6.** también / tampoco busco el riesgo: en mi profesión la seguridad es lo **7.** más / menos importante. Me fascinan en especial **8.** los / las países del sur de Asia, pueden ser peligrosos, pero no me asustan, al contrario.

¡Ah!, y nunca hago fotografías: una foto es como un **pedazo** de vida que está muerto, y a mí me gusta la vida. Río mucho, miro directamente a la gente, pregunto cosas inapropiadas en momentos poco oportunos pero nunca recibo una respuesta **desagradable**. Sé que no **molesto** con mis preguntas, porque sé que transmito alegría. **Así que** normalmente no escribo, pero la policía me pide que cuente la historia, y ahora que tengo que hacerlo, no sé muy bien cómo. Voy a escribir como hablo, espero

| | |
|---|---|
| **porteño** | aus Buenos Aires, zu Buenos Aires gehörig |
| **azafata** *f* | Flugbegleiterin |
| **peligroso** | gefährlich |
| **asustar(se)** | (sich) erschrecken |
| **pedazo** *m* | Stück |
| **desagradable** | unangenehm |
| **molestar** | belästigen, stören |
| **así que** | also, sodass |
| **enviar** | (zu)senden |
| **piel** *f* | Haut |
| **suave** | weich |
| **además** | außerdem |
| **cicatriz** *f* | Narbe |
| **en cambio** | demgegenüber, jedoch |
| **equivocarse** | sich irren |

que se entienda todo bien. Si no se entiende, por favor, **envíenme** sus preguntas. Luego les doy la dirección electrónica.

No soy alta, ni delgada, ni tengo un pelo brillante, ni soy especialmente joven, ni soy rubia, mis ojos no son azules y mi **piel** ya no es tan **suave** como antes. **Además**, tengo una **cicatriz** debajo del ojo derecho por una herida que me hice de pequeña, en la casa de mis padres, en el barrio de Florida, en Buenos Aires. Bien, no soy la típica azafata de las películas. Soy una mujer normal, muy normal, de hecho, un poco gordita, creo, y por eso voy de vez en cuando al gimnasio, sin disciplina porque no soy nada disciplinada. **En cambio**, sí tengo mucha intuición con las personas. Me guío por el instinto, y casi nunca **me equivoco**. Sé que atraigo a la gente, y, ¿saben por qué? Porque soy alegre y comunicativa. Necesito a la gente, hablar con la gente, relacionarme. Me gusta mucho reír. Casi todos mis amigos viven muy cerca, en el mismo barrio y hasta en mi misma calle. No imagino la vida sin ellos. No les digo el nombre de la calle porque no quiero visitas. Solo les puedo decir que es una calle con mucha vida, con muchos comercios, restaurantes, bares. Me gusta salir de noche y encontrarme con alguno de mis amigos. Ah, y no tengo novio, no lo necesito, estoy bien así.

**Ejercicio 2: Indefinido.** Setzen Sie die richtige Form der 1. und 3. Person Singular des Indefinido ein!

**1.** ir _____ _____      **4.** estar _____ _____

**2.** ser _____ _____      **5.** llegar _____ _____

**3.** venir _____ _____     **6.** poner _____ _____

Bueno, eso es ahora. Hubo un par de grandes amores en mi vida (perdonen si les cuento un poco de mi vida íntima, pero van a ver que es importante para entender bien la historia). Primero está mi gran amor de la infancia. No les voy a decir el nombre, me han dicho que no puedo poner nombres reales, así que les cuento solo que su nombre empezaba por M. Qué curioso, ahora me doy cuenta de que el segundo y el último novio también tienen nombres que empiezan por M. Así que podemos hablar de M1, M2 y M3, etc. El primer M fue un amor total, de los que no se olvidan. Yo era muy joven. Allá, en el barrio de Buenos Aires donde vivía. Todavía tengo contacto

| hasta | *hier*: sogar; bis |
| comercio *m* | Geschäft |
| encontrar(se) *irr* con/a | treffen auf; sich treffen mit |
| darse *irr* cuenta de | etw. bemerken |

con él, es periodista, se casó, tiene dos niñas, se separó y ahora vive con una chica más joven. Él sí escribe bien. No leo mucho sus artículos, son de política y a mí me interesan más las historias de la gente, sobre todo de la gente famosa (es lo que puedo leer en el vuelo durante las pausas). Lo que más recuerdo de él: su olor. Me enseñó todo sobre

| | |
|---|---|
| separarse | sich trennen |
| ciclo *m* (vital) | (Lebens-)Zyklus |
| pareja *f* | *hier*: Partner; (Ehe-)Paar |
| ⚡ romper con alguien | mit jdm. Schluss machen |
| tardar en hacer algo | sich Zeit lassen, etw. zu tun, Zeit brauchen |
| duda *f* | Zweifel |
| observador/a *m/f* | Beobachter(in) |

los olores. Bueno, todo lo necesario. Si está en una habitación y tengo los ojos cerrados, puedo encontrarlo por el olor.

M2 es el amor con el que he estado más tiempo. La relación duró casi seis años. Él dice que un ciclo vital dura normalmente seis años. Al final de cada período cambia de ciudad o de pareja. En mi caso, fue de pareja, pero no rompió él, rompí yo. A los dos o tres años me di cuenta de que no era el hombre de mi vida, aunque estaba totalmente enamorada de él. Tardé otros tres años en decírselo y así terminó uno de sus ciclos de seis años con los que fabrica su vida. Qué tontería, la vida no está hecha de ciclos, está hecha de momentos: momentos fantásticos o tristes, momentos de confusión o de desorden, momentos de decisión o de duda, así es la vida. Cada uno, digo yo, tiene que vivir sus momentos de la manera más intensa y auténtica posible. Y bien, de él aprendí a conocer el carácter y el estado de ánimo de la gente mirando la ropa que lleva. Era un gran observador. Nos sentábamos en las terrazas de los bares de las calles de Madrid a observar a la gente y a inventar sus vidas mirando su forma de vestir, de andar, de mirar. Sí, ya digo, un gran observador.

Luego ha habido unos cuantos emes pequeñitos, pero no hace

falta hablar ahora de todos. Esos dos son suficientes para decir lo que quiero decir. Algunas compañeras de trabajo se sorprenden cuando digo que no tengo pareja. Una chica joven y alegre puede ser

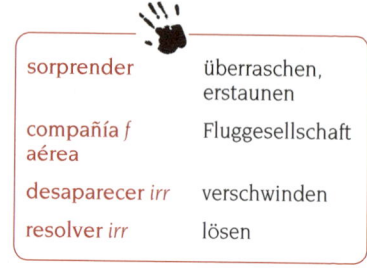

| | |
|---|---|
| sorprender | überraschen, erstaunen |
| compañía *f* aérea | Fluggesellschaft |
| desaparecer *irr* | verschwinden |
| resolver *irr* | lösen |

perfectamente feliz sin pareja, ¿no creen? Como digo, fue difícil aprender a vivir sola, pero ahora estoy contenta: tengo mucho tiempo para mí, no tengo que hacer cosas que no me gustan. Cuando estoy, estoy, y cuando no estoy, no estoy. Ahora, si veo a un hombre que me gusta, no voy a mirar en otra dirección, ¿no? Bueno, pero ya me dicen que me voy muy lejos en mi relato. Tengo que contar la historia del vuelo 537 de Madrid a Buenos Aires en un Boeing 747. No diré la compañía aérea con la que volaba, pero sí que yo iba de pasajera y no como azafata. Es divertido ver trabajar a tus compañeros de trabajo y no tener que…

Bien, lo siento, ya me centro en la historia. Lo voy a decir rápido: desapareció un pasajero, nadie sabía dónde estaba y yo lo encontré. Es decir, resolví el misterio. A ver si lo explico claramente y se entiende. Ya digo, si no entienden algo, me envían sus preguntas y yo contesto. Mi dirección es… Ah, ¿no puedo dar mi dirección electrónica? Qué lástima.

# 2 Facturación y embarque

Llegada al aeropuerto. En metro, como siempre. La maleta grande con la ropa de verano (estamos en enero, allá es verano, claro), el **equipaje de mano**, el pasaporte, algo para leer, ¿qué más? No me acuerdo. Hay algo que no llevo: el uniforme de azafata. Cuando entro al aeropuerto, me siento más **ligera** sin él, pero rara, como **desnuda**. Nadie **se fija en** mí. Bueno, sí, se fijan algunos

| | |
|---|---|
| **facturación** *f* | Check-in |
| **embarque** *m* | Einsteigen, An-Bord-Gehen |
| **equipaje** *m* **de mano** | Handgepäck |
| **ligero** | leicht |
| **desnudo** | nackt |
| **fijarse en** | achten auf, bemerken |
| **acercarse (a)** | sich nähern (an) |

hombres, pero me ven como a una mujer normal, una pasajera más. Veo a otras azafatas entrar por la puerta de personal, 'Staff only', el inglés por todas partes. Veo a algunas azafatas y azafatos que conozco. Uy, perdón, no se dice "azafato"[i], siempre lo digo pero no se dice. Ustedes me entienden, ¿no? Bien, estoy en el aeropuerto, **me acerco a**

Offiziell nennt man das „Bordpersonal" in Spanien heute *tripulantes de cabina de pasajeros.* Daneben hat sich der geschlechtsneutrale Ausdruck *auxiliar de vuelo* („Flugbegleiter") durchgesetzt. Umgangssprachlich wird das Wort *azafata*, das auf *azafate* (dt. „Tablett") zurückgeht, allerdings weiterhin verwendet. In neuerer Zeit hört man bisweilen auch *azafato* für den männlichen Flugbegleiter, das jedoch u. U. einen despektierlichen Beiklang hat. In einigen mittel- und südamerikanischen Ländern nennt man die „Stewardess" *aeromoza.*

un grupo de tres azafatas de mi compañía aérea. Voy a poner nombres falsos, me dicen que no puedo poner nombres reales. De hecho, yo no me llamo Sabina.

–Hola, Carmen.

| | |
|---|---|
| intentar | versuchen |
| ⚡ levantarse a alguien | jdn. anmachen (Argentinien) |
| soportar | aushalten, ertragen |
| irresistible | unwiderstehlich |
| ⚡ ligar a alguien | jdn. anmachen (Spanien) |
| hacer *irr* caso | beachten; gehorchen |
| locura *f* | Irrsinn |

–¡Sabina! ¿Qué tal? ¿Trabajas hoy?

–No, estoy de vacaciones, voy a la Argentina.

–¿A ver a tus padres?

–Claro.

–Qué bien. Justamente nosotras volamos hoy a Buenos Aires.

–¡Ah!, ¿sí?

–Me encanta, va a ser divertido, ¿no te parece? ¿Y sabes quién vuela también? ¡Adivina!

–No me digas, ¿Carlos?

–¡Qué va! Carlos cambió de compañía. ¡Marcelo!

–¿Marcelo? Oh, no, ese play-boy barato. Siempre está intentando levantarse a alguna azafata o a alguna pasajera. No lo soporto. Cree que es un hombre irresistible y es solo un tipo arrogante.

–Claro, como intentaste ligártelo y él no te hizo caso, hablas mal de él.

–¡No es verdad! Lo que pasó fue que…

–Perdona, es que ya nos vamos a la base.

–Claro. Nos vemos dentro.

–Claro. Chao.

–Chao.

La base es el sitio donde las azafatas nos reunimos para recibir de la jefa de azafatas las instrucciones del vuelo. También es el sitio donde se distribuyen las posiciones dentro del avión, quién se pone en la puerta, quién hace la cocina, todas esas cosas. En un avión grande como un Boeing 747 hay muchas azafatas: quince en total con las dos jefas, la P2, que es la más importante, y que trabaja en su cabina con su ordenador, y la P1, que está con las azafatas. Creo que es importante explicar estos detalles, porque la historia que les voy a contar es una historia de azafatas. Yo prefiero trabajar en primera clase, en el piso de arriba, porque somos menos, solo tres azafatas, y se trabaja mejor porque hay menos pasajeros. Abajo somos diez azafatas para más de trescientos pasajeros, una locura. Bueno, ya veo por sus caras que se aburren. Luego quizás les cuento más cosas de las azafatas.

**Ejercicio 4: Viajar en avión.** Bringen Sie die folgenden Wörter von der Ankunft am Startflughafen bis zum Verlassen des Zielflughafens in eine logische Abfolge!

desembarcar    facturar    embarcar    volar

aterrizar    recoger el equipaje    llegar al aeropuerto

salir del aeropuerto    pasar el control de la policía

despegar

1. _____    2. _____

3. _____    4. _____

5. _____    6. _____

7. _____    8. _____

9. _____    10. _____

Voy al mostrador de la oficina aérea con mi equipaje. Me pongo a la cola. Justo delante de mí hay un hombre, luego dos familias, varias parejas, un grupo de jóvenes, más parejas… Calculo unos veinte minutos de espera.

Compruebo el número de mi vuelo, el equipaje, el pasaporte, el dinero, el móvil. Entonces lo noto: ¡ese olor! No sé de dónde viene. Me recuerda automáticamente a M1, los paseos por la playa, el viaje a la Patagonia, su casa de Bahía Blanca, su familia de Vigo, no, de Gijón, siempre lo confundo. Una de sus colonias favoritas, ¿puedo decir el nombre de la colonia? ¿Tampoco? Qué pena. Es la colonia de hombre que más me gusta.

| | |
|---|---|
| mostrador *m* | Schalter |
| comprobar *irr* | (über)prüfen |
| resistir | widerstehen |
| espalda *f* | Rücken |
| gabardina *f* | Trenchcoat |
| portafolios *m* | Aktenkoffer |
| reloj *m* de muñeca | Armbanduhr |
| zapato *m* de charol | Lackschuh |
| enfadado | verärgert |
| volverse *irr* (hacia) | sich (zu jdm./ etw.) umdrehen |

No puedo resistirlo. Una colonia llena de recuerdos, de frescura, mezcla de tabaco y… y… y hombre. Es el pasajero que tengo delante. Solo le veo la espalda, lleva una gabardina gris y un sombrero beige, un portafolios azul en la mano, un reloj de muñeca muy elegante, no voy a decir la marca, pero elegante, pantalones de vestir y zapatos de charol, marrones, muy bonitos. Me encantan los zapatos, para mí es lo que más identifica a un hombre, la elección de los zapatos. Así que aquel pasajero era irresistible, todo lo hacía irresistible: el olor de la colonia, la gabardina, el sombrero y los zapatos elegantes. Tenía que hablar con él.

–Hola.

–…

No reacciona, "¿qué le pasa?", pienso, un poco enfadada.

**Ejercicio 5: Presente.** Was macht Sabina? Setzen Sie die folgende Textpassage in die 3. Person Singular!

Voy al mostrador y me pongo a la cola. Delante de mí hay un hombre. Calculo unos veinte minutos de espera. Compruebo el número de mi vuelo. Entonces lo noto: ¡ese olor! No sé de dónde viene. Me recuerda automáticamente a M1.

_____

_____

_____

_____

_____

_____

–Disculpe, oiga.

–…

Nada, no mueve un músculo.

–¡Oiga! –grito.

Ahora sí se vuelve. Parece enfadado, estaba hablando por teléfono y lo he interrumpido. Quizás la conversación era importante. Pienso en renunciar, pero ese olor y esos zapatos y ahora esos ojos no me dejan pensar con claridad. Tengo que inventar algo rápido.

–Disculpe, ¿esta es la cola para Buenos Aires? –"¡qué tontería!", pienso.

–¿Cómo?

–Que si esta es la cola para Buenos Aires.

Se me queda mirando con cara de asombro, debe de pensar que estoy loca o que soy la mujer más estúpida del planeta, pero de pronto, después de mirarme intensamente durante al menos diez eternos segundos, dice:

| | |
|---|---|
| asombro *m* | Erstaunen |
| labio *m* | Lippe |
| tardar | dauern |

—Te llamo luego, tengo una idea —y apaga el móvil. Me mira, me sonríe.

—¿Para Buenos Aires? ¿La cola para Buenos Aires? Claro, claro, sí, disculpe, es que es muy divertido lo que ha dicho.

—Yo no lo encuentro divertido. ¿Va usted a Buenos Aires?

—Sí, claro, esta es la cola para Buenos Aires —me dice irónicamente, pero esos ojos, ese pelo marrón dorado, esos labios, ya no sé qué dice, solo sé que he dicho una de mis típicas tonterías y que el efecto, como siempre, me beneficia. Bien, ya está el contacto, ahora hay que mantenerlo, que es lo más fácil. Hablamos del vuelo, de los billetes, de las horas que tarda, de las azafatas, le digo que soy azafata de profesión, que voy a ver a una parte de mi familia que vive allá, la otra parte no vive en la Argentina, volvieron a Europa hace tiempo.

—¿A España?

—Una parte sí, la otra se fue a Israel, aunque también tengo familia en Alemania.

—¡Qué interesante!

*La Argentina* wird umgangssprachlich sowohl mit als auch ohne Artikel verwendet. Offiziell heißt der Staat *la República Argentina*, wobei *República* in der Alltagssprache meist entfällt und das ursprüngliche Adjektiv substantiviert wird: *la Argentina*. Nicht zuletzt durch den Einfluss internationaler Bezeichnungen für das südamerikanische Land setzt sich daneben zunehmend das artikellose *Argentina* durch.
Übrigens: Der Name *Argentina* geht zurück auf das lateinische *argentum* (Silber), das die spanischen Eroberer in der Region am *Río de la Plata* (Silberfluss) vermuteten.

–Sí, bueno, es normal en Argentina, todos tenemos familia de muchos lugares del mundo... –y me pongo a hablar de mi familia, mi tema favorito. Seguimos hablando, que es lo importante. Me pregunta por Buenos Aires, no ha estado nunca, necesita un buen hotel, algo tranquilo en el barrio del tango.

| | |
|---|---|
| alejarse | sich entfernen |
| facturar | einchecken, (Gepäck) aufgeben |
| tarjeta f de embarque | Bordkarte |
| empujar | stoßen, drücken |

–¿Un buen hotel tranquilo en el barrio de Boca? Pues no sé, no conozco ninguno, pero seguro que mi padre sí. Mire, le doy mi teléfono y mañana me llama y le localizo un buen hotel en Boca, ¿le parece?

–Muy bien. Anote su teléfono en esta revista.

–Aquí está. Tome –le devuelvo la revista, una revista de color amarillo.

"¡Ya lo tengo!", pienso, "ya tiene mi teléfono y me va a llamar. ¡Qué emoción!".

De esa manera, entre conversación y olor a colonia, llega su turno. Se aleja, va a facturar, no, un momento, solo tiene equipaje de mano, pero en ese momento no me parece raro, mucho después recordé que no facturó equipaje. Con su tarjeta de embarque en la mano, se vuelve, me hace un gesto de "nos vemos del otro lado" y se aleja hacia el control de la policía. Yo me quedo parada, alguien me empuja, la chica del mostrador me llama, pero estoy paralizada por la impresión del olor de ese hombre. Se acerca la chica de la compañía y me pregunta si estoy bien.

–¿Qué? Sí, sí, estoy bien, gracias.

Por fin facturo mi equipaje.

"Eh, Sabina", me digo, "rápido, que se va". Paso el control de la policía, llego a la sala de espera, miro a todas partes, pero no lo veo. Quiero volver a hablar con él, no, tengo que volver a hablar con él. Es necesario, es importante, ¡es **imprescindible**! Busco su olor por la sala, como un perrito. Bueno, la comparación no es muy buena pero es lo cierto: intento encontrarlo

| | |
|---|---|
| **imprescindible** | unerlässlich |
| **embarcar** | an Bord gehen |
| **puerta** *f* **de embarque** | Gate (Flughafen) |
| **de espaldas** | *hier*: von hinten; rückwärts, rücklings |
| **rumbo a** | Kurs auf, in Richtung |
| **asesino/a** *m/f* | Mörder(in) |

por el olor, pero no lo veía. Voy a las tiendas, entro en las cafeterías, y nada. Lo busco durante media hora, y nada. Hay que **embarcar**. Estoy un poco lejos de la **puerta de embarque** cuando lo veo, otra vez **de espaldas**, la gabardina, el sombrero, el portafolios en la mano. Demasiado lejos para llamarle, para gritar su nombre, y de todas formas no sé cómo se llama. Veo que entrega la tarjeta de embarque y entra por la puerta de número 37 al Jumbo **rumbo a** Buenos Aires con salida a las 14:09. "Perdido", pensé, "perdido para siempre", y es exactamente lo que pasó, porque no he vuelto a verlo, y aunque me dicen que se trata de un **asesino** bastante peligroso, nunca olvidaré su olor.

---

**Ejercicio 6: Comprensión. Sind die Aussagen korrekt? Markieren Sie mit richtig ✔ oder falsch – !**

**1.** Sabina es azafata pero viaja como pasajera. ☐

**2.** En la facturación conoce a un pasajero que le gusta. ☐

**3.** La familia de Sabina ha vivido en Israel. ☐

**4.** El pasajero necesita un hotel en Buenos Aires. ☐

**5.** El pasajero le da a Sabina su número de teléfono. ☐

**6.** Vuelven a encontrarse en la puerta de embarque. ☐

# En pleno vuelo

**Asiento** 373C. Casi al final del avión. Cuando entran los pasajeros siempre hay un poco de confusión, y yo no soy especialmente alta, muchos pasajeros son más altos que yo, **total que** no puedo ver dónde se sienta el hombre de la gabardina. Lo que sí **distingo** claramente, y es algo que me confunde desde el primer momento, es su olor. Llego a mi asiento, pongo el equipaje de mano en el **maletero** encima de los asientos, aprovecho los últimos minutos para buscar al hombre cuando por fin veo su sombrero allá delante, bastante lejos de mí. Es apenas un momento,

| | |
|---|---|
| asiento *m* | Sitz, Platz |
| ⚡ total que | also, infolgedessen |
| distinguir | erkennen; unterscheiden |
| maletero *m* | Gepäckfach; Kofferraum |
| abrocharse el cinturón de seguridad | den Sicherheitsgurt anlegen |
| despegar | abheben (Flugzeug) |
| recorrer | entlanggehen, -laufen, durchqueren |

no puedo calcular dónde está su asiento. Así que me siento y **me abrocho el cinturón de seguridad**. Observo el ir y venir de las azafatas pensando en esas manos, en esa voz, en esos ojos. Bueno, por fin **despegamos**. A los pocos minutos estamos ya en el aire y se apaga la luz del cinturón encima de mi cabeza: me levanto y empiezo a **recorrer** el avión. Como las azafatas me conocen, y algunas me saludan, me dejan ir y venir libremente. Pero no lo encuentro.

**Ejercicio 7: Participios.** Bilden Sie die Partizipien der folgenden Verben!

1. enfadarse _____
2. esconderse _____
3. despegar _____
4. hacer _____
5. poner _____

Al fondo veo a la P2 sentada delante de su ordenador. Sé que no le gusto, tengo que tener cuidado, no quiero tener problemas con ella, así que me alejo. Voy de un lado a otro, pero nada, el hombre de la gabardina no está. Me pongo nerviosa, un poco triste, estoy **decepcionada**, el hombre me gustaba. El olor es ahora muy suave, y no puedo identificar ninguna zona en concreto. No veo al hombre. "No puede ser", pienso, "no puede ser, esto es una locura", y no puedo preguntarles a las azafatas si falta alguien de la lista.

—Hola, Sabina, ¿estás buscando algo?

—No, Carmen, es que **echo de menos** mi trabajo de azafata.

—¿**En serio**? Uhm, no sé. ¿Seguro que no estás buscando algo? ¿O a alguien?

—¿Crees que quiero levantarme a algún pasajero?

—Puede ser. Como estás de vacaciones, la P2 no se va a enfadar.

—La P2 nunca me **retó**, Carmen, y eso tú lo sabes.

—Tranquila, hija, que estoy de tu parte.

| decepcionado | enttäuscht |
| echar de menos | vermissen |
| en serio | im Ernst |
| ⚡ retar | schelten, ausschimpfen |
| aparecer *irr* | erscheinen; auftreten |

—Oye, ¿no has notado un olor a colonia especial por aquí?

—¿Un olor? Uy, chica, qué cosas tienes. Bueno, perdona, llama un pasajero.

Al fondo veo una luz. Tengo un primer impulso de ir a ver qué quiere el pasajero, pero recuerdo que no estoy trabajando. Veo a Carmen que se aleja. Estoy a la mitad del avión, cerca de las escaleras que suben a primera, pienso que quizás está arriba, aunque en teoría no puede ser porque los pasajeros de primera entran por otro lado, ¿y si pregunto a la P2 si puedo subir? Vuelvo a mi asiento. Al rato, me levanto y me acerco a las escaleras. Sí, el olor está por esa zona, pero el hombre no está. Pienso que quedan muchas horas de vuelo y que me tengo que olvidar del hombre. Es entonces cuando aparece Marcelo.

—¡Sabina! ¡Qué agradable sorpresa! ¿No me digas que has venido a hacernos una visita?

—Hola, Marcelo.

—¿Cómo que "hola Marcelo"? Por favor, chica, un par de besos, ¿es que ya no saludas a tus compañeros de trabajo?

—Perdona, pero hace mucho que no trabajamos juntos.

—¿Todavía estás enfadada conmigo?

—¿Qué? ¿Enfadada yo? No vales tanto.

—Sabinita, no te pongas así, eso pasó hace mucho.

—Mira, Marcelo, déjame tranquila.

—He visto que vas de un lado a otro del avión, ¿estás buscando algo, Sabina? ¿O a alguien?

—A ti no te importa.

—Perdona, pero sí me importa, y lo sabes perfectamente, nos importa todo lo que pasa en el avión, nuestra responsabilidad es la seguridad de nuestros pasajeros y…

—Conozco las normas tan bien como tú, no me des lecciones.

—Pues entonces dime qué estás buscando, todos nos hemos dado cuenta.

–Mira, me voy a mi asiento y así vas a estar más tranquilo.
A Marcelo no se lo puedo decir, va a pensar que quiero levantarme al pasajero de la gabardina. Tengo que descubrir yo sola lo
que pasa. Le doy la espalda a Marcelo y vuelvo a mi asiento.

### Ejercicio 8: Formas del verbo. Setzen Sie die nachfolgenden Infinitive in die entsprechende Form!

**1.** no dar (negierter Imperativ, 2. Pers. Sing.) _____

**2.** tener (Präsens, 1. Pers. Sing.) _____

**3.** decirme (Imperativ, 2. Pers. Sing.) _____

**4.** irse (Präsens, 1. Pers. Sing.) _____

**5.** mirar (Imperativ, 2. Pers. Sing.) _____

**6.** pensar (Präsens, 1. Pers. Sing.) _____

Cada vez que me siento y me levanto, tengo que pasar por delante de una niña muy guapa que me mira con sus enormes ojos
marrones.

–Perdona, tengo que volver a
pasar.

–¿Quieres cambiar de asiento?

–Ah, bueno, muchas gracias.
¿Cómo te llamas?

–Estrella, ¿y tú?

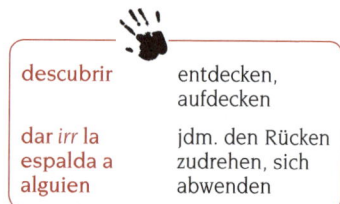

| | |
|---|---|
| descubrir | entdecken, aufdecken |
| dar *irr* la espalda a alguien | jdm. den Rücken zudrehen, sich abwenden |

–¡Qué nombre tan bonito! Yo me llamo Sabina. ¿Viajas sola?

–No, mis hermanos y mi padre están ahí delante, esos dos niños
rubios de ahí.

–¡Qué guapos son! ¿Y van a la Argentina?

–¡Qué pregunta tan tonta! Claro que vamos a Argentina. No hay otra posibilidad, este avión va a Buenos Aires, y no podemos salir de él, ¿no?

—Tienes razón, es la segunda vez que hago la misma pregunta tonta.

—Pareces nerviosa, ¿te pasa algo?

Miro a la niña y me pregunto si puedo decirle la verdad. Instintivamente decido que sí puedo.

—En la facturación conocí a un hombre. Es un secreto, ¿bien? A ti te lo puedo contar.

—¿Y?

—Es muy guapo, y quiero volver a hablar con él pero no lo encuentro.

—Pues búscalo.

—Ese es el problema, ya lo busqué, pero no lo encuentro por ninguna parte. Solo me falta mirar en primera clase.

—Si entró, tiene que estar dentro, nadie puede salir de un avión en pleno vuelo.

—Oye, tienes razón.

—Sí, es como una habitación cerrada por dentro. Fuera no hay nada, el aire, las nubes, los ángeles.

—¿Crees en los ángeles?

—Claro, mis hermanos, por ejemplo, son dos angelitos. Se portan siempre muy bien.

—Vaya, debes de ser una hermana estupenda.

—Si quieres, te ayudo a encontrar a ese hombre. Parece un misterio muy interesante. Una vez leí un cuento sobre eso. Hay una habitación cerrada por dentro, sin ventanas, y al abrirla encuentran a una mujer asesinada, pero el asesino no está. La policía no sabe cómo resolver el misterio. ¿Te gusta la literatura?

—Ay, Estrella, yo no leo mucha literatura, ¿sabes?

—¿De verdad? ¿Y qué te gusta, entonces?

—Viajar.

—Como a mí.

—Entonces, ¿me quieres ayudar?

—Claro, ¿cómo puedo hacerlo?

—Tenemos que mirar arriba, en primera, pero yo no puedo subir porque ese azafato de ahí me vigila.

—No se dice "azafato".

—Ya lo sé, es que no me gusta, ¿sabes? Tienes que subir tú. Mira, llamas a una azafata y le dices que quieres ver el piso de arriba. Subes y buscas al hombre. Es alto, lleva una gabardina gris, sombrero y un portafolios. ¡Ah!, y huele muy bien. No lleva gafas, tiene los ojos marrones y… el pelo corto con algunas canas, moreno y… ah, sí, lleva una revista de… ah, ya me acuerdo, una revista de 'National Geographic'. ¿Sabes cómo es esa revista?

—Sí, una revista amarilla, a veces la leo, la puedo identificar fácilmente.

**Ejercicio 9: Contrarios. Wie lautet das Gegenteil? Ordnen Sie zu!**

1. ☐ alejarse     **a)** salir
2. ☐ subir     **b)** tirar de
3. ☐ entrar     **c)** levantarse
4. ☐ caerse     **d)** acercarse
5. ☐ empujar     **e)** bajar
6. ☐ despegar     **f)** aterrizar

—Mira, llamamos a esa azafata. Oye, perdona, esta niña te quiere pedir algo.

Veo a Estrella alejarse por el pasillo, parece que los hermanos también quieren ir, el padre les da permiso y veo al grupito alejarse. Suben las escaleras y desaparecen en el piso de arriba. Al poco rato, vuelven los dos hermanos corriendo por el pasillo con regalos y llegan hasta el padre. Le muestran los regalos,

| | |
|---|---|
| vigilar | bewachen |
| cana *f* | weißes Haar |
| por equivocación | aus Versehen |
| prueba *f* | Beweis |
| bandeja *f* | Tablett |
| cola *f* del avión | Flugzeugheck |
| litera *f* | Schlafkoje; Stockbett |

pero Estrella no vuelve. Tarda un rato aún. Por fin, al cabo de quince minutos, está sentada a mi lado.

–Sabina, un pasajero me ha dicho que ha visto a un hombre con gabardina y un portafolios que ha subido por equivocación a la primera clase y ha bajado luego a la clase económica, pero que ha dejado en un asiento esto. Mira: la revista.

–¡Pero qué lista eres, niña!

–¿Es la que tú decías?

–Sí, mira, este es mi número de teléfono en Buenos Aires. Me dio la revista y escribí en ella mi número. Ahora sabemos que el hombre entró en el avión. Ya tenemos una prueba. Hay que hablar con Carmen. Anda, ve tú a llamarla. Es aquella azafata que va por allí con la bandeja, ¿la ves? Es muy simpática, ella nos va a ayudar. Dile que nos vemos en la cola del avión junto a las literas.

–¿El avión tiene literas?

–Claro, ¿dónde crees que duermen las azafatas?

–¿Cómo lo sabes?

–Es que yo soy azafata.

–Yo quiero ser como tú, azafata, y viajar por el mundo.

–Anda, Estrella, ve a buscar a Carmen.

Ella va hacia delante del avión y yo me voy a la cola.

–Estrella, cuéntale a Carmen lo que hemos descubierto.

Carmen escucha atentamente, le parece muy **sospechoso**.

–Miremos la lista de pasajeros.

–No, Carmen, ya sabes cómo es

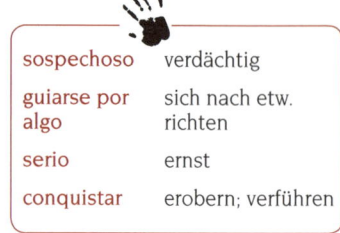

| | |
|---|---|
| **sospechoso** | verdächtig |
| **guiarse por algo** | sich nach etw. richten |
| **serio** | ernst |
| **conquistar** | erobern; verführen |

la P2. No le preguntes nada aún. Necesitamos más pruebas. Hay que encontrar la gabardina.

–Para eso –dice Estrella– **te** puedes **guiar por** el olor.

–Sí, Estrella tiene razón. Mira cerca de la escalera.

Vemos a Carmen alejarse por el pasillo. Cuando llega a las escaleras, abre dos o tres maleteros hasta que la encuentra, y también el sombrero. Nos mira con los ojos abiertos, y le digo a Estrella:

–Esa es, ¿ves?, de color gris, y el sombrero. Está en el avión.

**Ejercicio 10: Pronombres.** Lesen Sie weiter und setzen Sie das korrekte Pronomen in die Lücken ein!

| mi | te | se | lo | la | me |

Cuando vuelve Carmen **1.** ___ lo contamos todo. Bueno, se **2.** ___ cuenta Estrella. Carmen **3.** ___ mira muy **seria**.

-¿Y no es un tipo que **4.** ___ quieres ligar?

-¿Qué significa eso? –dice Estrella.

-Que tu amiga Sabina quiere **conquistar** a un pasajero.

-Es que es muy guapo y huele muy bien –dice de pronto la niña. **5.** ___ miro con sorpresa: en ese momento decido que no solo es la chica más lista del planeta, sino que además va a ser **6.** ___ amiga toda la vida.

# 4 Pistas falsas

–¿Qué están haciendo aquí?

Es la P2, la jefa de azafatas. No le caigo bien, y siempre que trabajo con ella, busca alguna excusa para retarme.

–Hola, P2.

–No me llames así, Sabina. Te lo he dicho mil veces.

–Le estamos enseñando a esta

| | |
|---|---|
| pista *f* | Spur, Fährte |
| excusa *f* | Vorwand; Ausrede |
| darse *irr* la vuelta | sich umdrehen |

niña tan guapa las literas donde duermen las azafatas –dice Carmen.

–Es que yo, de mayor, quiero ser como ustedes, azafata.

–Bien, terminen pronto que hay cosas que hacer –dice la P2 enfadada.

–¡Pero si los pasajeros están durmiendo! –dice Estrella.

–Mira, niña, si quieres ser azafata, tienes que aprender a respetar a la jefa de azafatas, que soy yo.

–¿Y usted se llama P2? Qué nombre tan raro.

La P2 la mira un momento sin entender la ironía de Estrella, se da la vuelta y se aleja de nosotras.

–Sabina, ¿qué significa P2?

–Es como se le llama a la jefa de azafatas. Hay dos, la P2 y la P1. La más importante es la P2, el nombre viene del inglés.

–¿Y tú qué eres?

–¿Yo?, nada, azafata normal.

–¿No eres P3?

Carmen y yo nos miramos y nos ponemos a reír. Le enseñamos las literas y regresamos a nuestros asientos.

–Estrella, tenemos que seguir buscando al pasajero.

–Alguien tiene que ir a la bodega de carga, donde los equipajes.

–No, Estrella, es imposible bajar a la bodega desde aquí, eso son cosas de las películas. Tenemos que hablar con el resto de azafatas. Carmen ya lo sabe. Tengo que hablar con Marcelo.

–¿Quién es Marcelo?, ¿ese que es tan guapo?

–No es tan guapo, es un boludo.

–¿Qué es 'boludo'?

–Idiota, tonto, estúpido.

–¿Puedo hablar yo con el boludo?

–No, espera, ahora voy yo.

---

**Ejercicio 11: ¿Ser o estar?** Setzen Sie die richtige Form von *ser* oder *estar* ein!

1. ¿Dónde _____ mi tarjeta de embarque? No la encuentro.

2. Sabina _____ muy preocupada porque no encuentra al pasajero.

3. Algunos pasajeros del avión _____ ya dormidos.

4. Sabina piensa que Estrella _____ muy lista.

5. El avión _____ bastante grande.

6. No _____ fácil _____ azafata.

---

Marcelo está en una de las literas. Abro la puerta y lo encuentro medio vestido. Está escribiendo.

–¡Hombre, Sabina! ¿Por fin te has decidido a pasar un ratito conmigo?

–¡Qué gracioso eres, che! He venido a hablar contigo. ¿Qué haces?

–Estoy escribiendo una novela.

Me acerca el papel. Leo, "La arena de las dunas llega hasta la calle. El viento sopla suave…". Marcelo me quita el papel de la mano.

–Es una historia que estoy escribiendo para una editorial.

| | |
|---|---|
| bodega *f* (de carga) | *hier*: Frachtraum |
| decidir(se) | (sich) entscheiden |
| ⚡ ¡che! | Hey! (Ausruf, Argentinien) |
| decís vos | du sagst (Argentinien) |
| enterarse (de algo) | (etw.) erfahren |

–No sabía que escribes.

–Hay muchas cosas que no sabes de mí.

–Bueno, mira. Vengo a hablar contigo de otra cosa. Escucha con atención, ¿entendido? He descubierto… mejor dicho, hemos descubierto… a ver cómo te lo explico.

–Has encontrado a un pasajero que te gusta y necesitas ayuda para ligártelo.

–No es tan fácil y no quiero ligármelo, como decís vos.[i] Lo que pasa es que no está en el avión, no lo encontramos.

–¿No lo encontráis? ¿Quiénes no lo encontráis?

–Yo, Carmen y una niña muy lista que se llama Estrella.

–¿Esa tan guapa que está sentada a tu lado?

–Esa misma.

–Lo que dices es muy grave. Si se entera el piloto, tendremos que bajar donde sea.

Der *Voseo* ist typisch für das argentinische Spanisch. Dabei wird die 2. Person Singular nicht durch das in Spanien gebräuchliche *tú*, sondern durch die Form *vos* ausgedrückt. Auch die Betonung des Verbs ändert sich in der 2. Person Singular Präsens. Anstatt *tú eres*, *tú tienes*, *tú dices* heißt es in Argentinien also *vos sos*, *vos tenés*, *vos decís*.

–Claro, y los pasajeros no deben saber nada porque se pueden poner nerviosos y podemos tener un verdadero problema.

–Tienes razón. Hay que hablar con la P2.

–Sí, pero con cuidado. Lo tienes que hacer tú, si le hablo yo, no me va a creer.

–¿Qué sabes de ese hombre?

–Poco, hablé con él en la facturación. Llevaba una gabardina gris, un portafolios, un sombrero y una revista de la 'National Geographic'. Lo hemos encontrado todo menos el portafolios.

| susurrar | flüstern |
| medida *f* de seguridad | Sicherheitsmaβnahme |
| recibo *m* de compra | Kassenbon, Kaufbeleg |

–Tenemos que encontrar primero el portafolios. Espera, me pongo los pantalones y salgo.

Noto de pronto que a mi lado está Estrella, escuchando con mucha atención. Busco a la P2: está en su cabina, lejos de nosotros. Marcelo baja de la litera y se viste. Afuera, le digo dónde está la gabardina. Va hasta el lugar y la saca del maletero. Nadie lo mira. El portafolios está debajo. Le digo por señas: "abre el portafolios", pero me dice que no con la cabeza. Entonces le pido la gabardina.

–Sabina, no se puede abrir el portafolios, ya lo sabes –me **susurra** a la oreja Marcelo cuando vuelve a donde estamos nosotras. Trae la gabardina.

–Sí, ya lo sé, son **medidas de seguridad** –yo también susurro.

–Tenemos que encontrar de quién es el portafolios, pero sin alarmar a los pasajeros.

–Aún no.

–Sabina –dice Estrella, también susurrando– mira en el bolsillo de la gabardina, hay algo.

–A ver –meto la mano en el bolsillo y saco una tarjeta de embarque y un **recibo de compra**, el de la revista. Meto la mano en el otro bolsillo y saco una hoja de papel con un plano dibujado a mano.

–¿Qué es eso? –pregunta Estrella.

–No sé exactamente, parece el plano de una ciudad.

–Lee los nombres de las calles.

–A ver, calle Corrientes, Plaza de Mayo, Obelisco…

–¿De dónde son? –pregunta Estrella con voz de misterio.

–De Buenos Aires –responde Marcelo por mí.

–¿Qué habéis descubierto? –pregunta de pronto Carmen, que se ha unido al grupo.

–¡Qué haces, Carmen! –dice Marcelo alarmado–. Si la P2 nos ve, va a darse cuenta de que pasa algo.

–No, ya me he dado cuenta –

| | |
|---|---|
| unirse a alguien | sich zu jdm. gesellen, sich jdm. anschließen |
| reunión *f* | Versammlung, Sitzung |
| despedir *irr* | *hier*: entlassen; verabschieden |
| ⚡ mocoso/a *m/f* | Grünschnabel, Dreikäsehoch, Fratz |

oímos los cuatro a nuestras espaldas. Es la P2, con mirada de policía. Nadie dice nada, Estrella es la única que habla.

–Buenas noches, señora P2, ¿cómo le va?

–Me van a explicar ahora mismo qué es esta reunión.

Cuando Marcelo acaba de explicar lo que pasa, la cara de la P2 está más roja que un tomate. Está verdaderamente enfadada porque en el avión están pasando cosas muy graves y nadie le ha informado de nada.

–Voy a despediros a todos, incluida a ti, Sabina.

–Pero P2 –nos defiende Estrella –todo lo que han dicho es verdad…

–¡Cállate, mocosa! Aquí la única verdad es que Sabina quiere acostarse con un pasajero y esta vez la he descubierto y, además, ustedes dos, Carmen y Marcelo, la están ayudando. Sabina, usted mezcla su vida privada con el trabajo y además manipula a sus compañeros para conseguir sus objetivos personales. Esto, Sabina, le va a costar caro.

–Pero…

–Nada de nada. Ustedes a su trabajo, y Sabina, siéntese en su asiento y no ponga nerviosos a los pasajeros. Respecto a ti, jovencita, dime ahora mismo dónde está tu padre.

–¡No se lo voy a decir, vieja bruja!

La P2 está verdaderamente enfadada pero no puede gritar porque los pasajeros duermen. Se va echando humo por las orejas con la gabardina en la mano.

–¡Muy bien, Estrella! Eres una niña con carácter.

–¿Qué vamos a hacer ahora, Sabina?

–No lo sé, porque ya no podemos hablar con Carmen ni con

| | |
|---|---|
| conseguir *irr* | erreichen; erhalten |
| bruja *f* | Hexe |
| subrayado | unterstrichen |
| junta *f* directiva | Vorstand |

Marcelo. Tampoco podemos abrir el portafolios, pero tenemos el plano y la tarjeta de embarque.

–No lo tenemos, la bruja se lo ha llevado todo con la gabardina.

–¿Y no recuerdas el número de asiento?

–No.

–Vaya, qué lástima. ¿Y la revista?

–Aquí está. Mira, hay un artículo sobre Buenos Aires y algunas cosas están subrayadas. Mira, nombres de calles, horarios de autobuses, el nombre de un restaurante, Ché bandoneón, y la dirección. Además hay anotada una hora y un día, a ver, es hoy a las 14:30, y qué pone aquí: "Reunión de la junta directiva. Raúl González de Mesa". ¿Quién es Raúl González de Mesa?

–Un banquero muy famoso. Mi ex novio escribió hace poco un artículo sobre él. Es muy rico, pero no tiene negocios en Argentina, solo en Europa. Parece que su banco va a comprar un banco italiano muy importante.

–¿Qué significa todo eso, Sabina?

–No lo sé. Lo malo es que estamos aquí metidos en el avión, todo el mundo duerme, la P2 está enfadadísima y no nos va a ayudar.

–Y no podemos comunicarnos con el exterior porque no tenemos cobertura. Todo igual que en el cuento, ¿te acuerdas?

–Déjame pensar. Ya está, como no tenemos la tarjeta de embarque y no sabemos el número de asiento, tenemos que mirar la lista de pasajeros del avión y ver si falta alguno. La tiene la P2 en su cabina.

–Tienes razón.

**Ejercicio 12: Presente.** Setzen Sie das Verb in die korrekte Präsensform!

1. Vosotros, tener _____ que mirar la lista de pasajeros.

2. No tú, dejarme _____ pensar.

3. ¿Quién ser _____ el pasajero?

4. Algunas cosas estar _____ subrayadas.

5. No nosotros, poder comunicarse _____ _____ con el exterior.

6. No se lo yo, decir _____.

7. No se lo nosotros, poder hablar _____ con ella.

Veo que la P2 va a hablar con otra azafata que está atendiendo a un pasajero. Es el momento, tengo que darme prisa. Me levanto, voy al otro pasillo y paso junto a Marcelo que me mira alarmado.

–¿Qué haces, Sabina?

–Necesito la lista de pasajeros.

–¿Estás loca? Nos vas a meter a todos en un problema. ¿No has oído a la P2? Nos van a echar a todos y hasta pueden meternos en la cárcel. Las normas de seguridad son muy estrictas. Si no te sientas, voy a llamar al comandante del avión.

Me doy cuenta de que Marcelo en parte tiene razón y de que tengo que volver a mi asiento.

| darse *irr* prisa | sich beeilen |
| cárcel *f* | Gefängnis |
| esconder | verstecken |

–¿Qué vamos a hacer ahora, Sabina?

–No lo sé, Estrella.

–A ver, dame la revista. Cuéntame cosas de Buenos Aires, ¿vale?

–Bueno, mira, esta foto es de la calle Corrientes, que es muy larga. Y esta es de la Plaza de Mayo, que está en el centro de la ciudad. Es muy importante.

–¿Y esto qué es?

–Es la Casa Rosada, donde está el Gobierno.

–¡Qué color tan bonito!

–Pasa la página…

–¡Mira!

–¡Una tarjeta de embarque! Qué raro.

–Ahora tenemos dos, esta y la de la gabardina.

–Vamos a ver de quién es.

–Espera, ahí viene la P2 otra vez. Esconde la tarjeta y no te muevas. Ahora no podemos levantarnos.

# Aterrizaje

–¿Qué están haciendo ahora?

–Sabina me cuenta cosas de Buenos Aires –dice Estrella.

–Sabina, todo el mundo está durmiendo. Por favor, no molesten a los pasajeros –dice la P2.

–De acuerdo –contesto.

Vemos cómo la P2 se aleja hacia su cabina. También vemos a Marcelo que nos vigi-

| | |
|---|---|
| aterrizaje *m* | Landung (Flugzeug) |
| frazada *f* | (Woll-)Decke |

la. Está muy nervioso. No vemos a Carmen. Parece que el resto de las azafatas ya saben que pasa algo en el avión. Probablemente Marcelo les contó ya todo. Tenemos que tener mucho cuidado.

–Estrella, no podemos sacar todavía la tarjeta de embarque. Hay que esperar un poco.

–Oye, Sabina, tengo mucho sueño. Voy a dormir un rato, ¿vale?

–Buena idea, Estrella, vamos a dormir.

Me tapo con la frazada y cierro los ojos, pero no puedo dormir. Pienso todo el tiempo en el pasajero de la gabardina. Veo su cara, recuerdo su olor. Tiene que estar dentro, pero ¿dónde? La gabardina, el portafolios, el sombrero, la revista, todo está en el avión, hasta su olor. Recuerdo el momento de la facturación en el aeropuerto, él está delante de mí y hablamos. Luego, él factura. Un momento, no tenía equipaje. Es raro, para un viaje tan largo, siempre se lleva equipaje. No tiene sentido. Luego, facturo yo, pero nos separamos. Paso el control de la policía, y ya no lo veo. Voy de un lado a otro, lo busco, pero no está. Pasa el tiempo y llaman para embarcar. Voy a la puerta de embarque y entonces lo veo de lejos entregando la tarjeta de embarque. Bueno, veo su espalda, su gabardina, su sombrero. Yo entro de última.

En el avión hay mucha confusión, no veo dónde se sienta. Lo veo de lejos un momento, pero luego ya no lo veo más. Y ya está, solo tengo de él el olor, la gabardina… ¡y dos tarjetas de embarque!

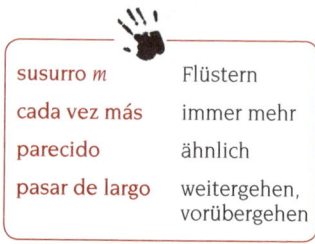

| | |
|---|---|
| susurro *m* | Flüstern |
| cada vez más | immer mehr |
| parecido | ähnlich |
| pasar de largo | weitergehen, vorübergehen |

–Sabina –oigo el **susurro** de Estrella–, si hay dos tarjetas de embarque es que hay dos personas relacionadas con el misterio.

–¿Qué dices?

–Claro, ¿por qué hemos encontrado dos tarjetas de embarque? Quizás faltan dos pasajeros, no solo uno. Tenemos que comparar los números de las tarjetas con los de la lista.

–Sí, es verdad. Aquí está la tarjeta. El número es el 156B, de un tal Sergio Prymak. Tenemos que comprobar si está en el avión.

–Espera, voy a hablar con mi hermano José. Él nos puede ayudar. Veo que Estrella se aleja por el pasillo, veo que despierta a su hermano, que reclama pero que al final escucha lo que le dice la niña. Ella vuelve a mi lado, y el hermano se levanta y busca entre los asientos.

–Mira, Sabina. ¡El 156B está ocupado!

–Bien, ya sabemos que este pasajero, Sergio Prymak, está en el avión. Lo que no entiendo es qué pasa con la otra tarjeta de embarque y qué relación hay con esta.

–Ahora sí tienes que hablar con la P2.

–Mira, el pasajero del asiento 156B se está despertando. Se levanta, abre el maletero, busca algo.

–Sí, es verdad. Parece nervioso. Ahora te mira a ti, Sabina.

–¿Qué le pasa?

–Mira, viene hacia nosotras.

–No digas nada. [i]

Vemos que el pasajero se acerca, nos mira, está cada vez más cerca. Noto que Estrella me coge con fuerza de la mano, ella también está nerviosa. Me doy cuenta de que el hombre tiene casi la

misma estatura que el pasajero de la gabardina y de que el pelo también es muy parecido. Llega a nuestra altura y pasa de largo. Las dos nos volvemos y entonces lo miro por la espalda. El pasajero se mete en el cuarto de baño.

–¡Estrella! –susurro muy nerviosa a mi nueva amiga.

–¿Qué te pasa, Sabina? Te has puesto blanca. ¿Estás bien?

–¡El olor!

–¿El mismo?

–Exactamente.

–¿Qué significa eso?

–No lo sé.

–Ahí vuelve.

–No le mires.

–No me sueltes la mano.

–No tengas miedo, estás conmigo.

–No tengo miedo. Ya se aleja.

–Espera, esa espalda, se parece mucho al otro, al pasajero de la gabardina.

–¡Claro! ¡Ya lo tengo! ¡Son dos iguales! Hay dos pasajeros iguales y tú te has confundido, el que conociste en el embarque no cogió este avión.

–¿Cómo?

**Ejercicio 13: Imperativo.** Setzen Sie die Verben in die bejahte oder verneinte Befehlsform.

1. ¡No [ tú, hablar ] _____ con la azafata, Estrella!

2. Vamos a la puerta de embarque. ¡ [ Vosotros, darse ] _____ prisa!

3. El policía dice: ¡ [ Usted, mostrarme ] _____ su pasaporte, señor!

4. ¡ [ Ustedes, abrir ] _____ las maletas!

5. ¡ [ Usted, disculpar ] _____ las molestias!

6. ¡No [ tú, ligarse ] _____ con los pasajeros, Sabina!

—Claro, Sabina, ahora lo entiendo. En la cola del embarque conociste a un hombre que se parece mucho a otro que llevaba la misma gabardina y el mismo olor. El que subió a este avión es el otro. Te confundiste de hombre.

—¿Tú crees?

—Claro, esa es la explicación.

—Puede ser.

Nos quedamos las dos **calladas**. Estrella me sonríe, pero no parece muy **convencida** de lo que ha

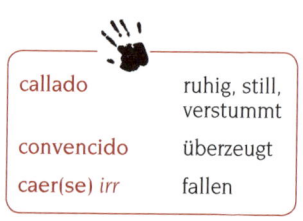

| callado | ruhig, still, verstummt |
| convencido | überzeugt |
| caer(se) *irr* | fallen |

dicho. Entonces **se cae** la revista al suelo, las dos la miramos al mismo tiempo. Se cruzan nuestras miradas.

—¡La revista! —decimos las dos al mismo tiempo.

—Estrella, no puede ser, yo escribí el número de teléfono en esta revista. ¿Lo ves? Aquí está, es mi letra. El pasajero de la gabardina entró en este avión.

—O no.

—¿Qué quieres decir?

—Tú crees que entró, pero no entró. El que entró fue el otro. El tuyo no entró. ¿Por qué el del asiento 156B nos ha mirado de esa manera?

—Mira, amanece. Los pasajeros van a empezar a despertarse, y casi estamos llegando. Tenemos que resolver el misterio pronto.

—Ahí está Carmen. Se lo tenemos que contar todo a ella.

---

**Ejercicio 14: Singular y plural.** Wie lautet der Plural bzw. der Singular der folgenden Wörter? Achten Sie auf die Akzente.

**1.** avión      _____

**2.** _____      explicaciones

**3.** relación      _____

**4.** _____      razones

**5.** dirección      _____

**6.** _____      bandoneones

---

Le contamos a Carmen los nuevos descubrimientos, le mostramos la revista y la tarjeta de embarque y le decimos dónde está el pasajero.

—Tengo una idea —dice ella. Se aleja de nosotras hasta la cabina de la P2, coge la gabardina y se acerca al pasajero del asiento 156B. Le muestra

| | |
|---|---|
| amanecer | dämmern, Tag werden |
| descubrimiento *m* | Entdeckung, Enthüllung |

la gabardina, parece que le pregunta algo. El pasajero dice que

81

no con la cabeza, pero parece muy nervioso. Carmen vuelve con la gabardina en la mano, el pasajero del asiento 156B nos mira a nosotras.

–Estrella, aquí pasa algo raro.

–Sí, ese hombre sabe algo. Mira cómo se mueve, parece muy nervioso.

Carmen llega a donde estamos nosotras.

–Carmen, ¿qué ha dicho?

–Que la gabardina no es suya. Voy a hablar con la P2.

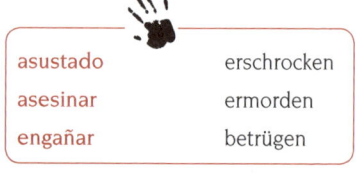

| | |
|---|---|
| asustado | erschrocken |
| asesinar | ermorden |
| engañar | betrügen |

–Carmen, ten cuidado. Toma, su tarjeta de embarque.

Estrella y yo nos quedamos calladas. Carmen va hasta la cola del avión, abre una de las puertas de las literas y desaparece de nuestra vista. Al ratito, aparece de nuevo, junto con la P2. Está muy seria pero ya no parece enfadada. Parece nerviosa. Va a su cabina con la tarjeta de embarque. Mira la lista de pasajeros. Coge el teléfono.

–Mira, Estrella, está comunicándose con tierra, probablemente con la compañía aérea o con uno de los dos aeropuertos. Mira, se ha sentado, parece que no se encuentra bien. ¿Adónde va Carmen? Ah, le lleva un vaso de agua.

–Vamos a hablar con ellas.

–Sí, buena idea.

Las dos nos levantamos. Cada una va por un pasillo. Cuando pasamos a la altura del asiento 156B, me doy cuenta de que está muy cerca de la escalera, que es donde sentí el olor al principio del vuelo. El pasajero nos mira a las dos muy asustado. Yo le digo a Estrella por señas que mejor volvemos a nuestro asiento. Cuando estamos juntas otra vez, hablamos.

–¿Qué pasa ahora?

–Ese hombre está muy asustado y puede hacer algo peligroso.

Es mejor no asustarlo más. Tenemos que esperar a Carmen. Ahí viene.

–La P2 ha hablado con el aeropuerto de Buenos Aires. La policía española está siguiendo a un pasajero que ha tomado este avión. Parece que es un asesino y creen que quiere asesinar a alguien en Buenos Aires. La otra tarjeta de embarque es de un tal Javier Patiño, pero la policía no sabe con qué nombre ha embarcado, pues probablemente ha usado un nombre falso. La P2 está muy nerviosa y el comandante dice que falta poco para llegar a Buenos Aires, que es mejor no hacer nada, que la policía argentina lo va a resolver todo. Dice que el peligro no está en el avión y que la seguridad de los pasajeros es lo más importante.

–Así que hay un asesino en el avión.

–O no.

–¿Qué quieres decir, Estrella?

–Piensa en el olor, en la revista, en el papel que había en la gabardina. ¡Te han engañado, Sabina!

–¡El restaurante! Tienes razón, Estrella. ¡Qué lista eres! Ven.

Las dos cogemos la revista, llamamos a Marcelo y a Carmen y nos acercamos al pasajero del asiento 156B.

–Buenos días.

El hombre no responde.

–Sabemos lo que quieren hacer. Hoy a la una del mediodía en el restaurante Ché bandoneón de Buenos Aires va a haber una reunión de la junta directiva de la empresa de Raúl González de Mesa, y ustedes van a estar ahí, ¿no es cierto?

El hombre está muy asustado, pero no dice nada.

–Por favor, acompáñenos.

–No… no me hagan nada, yo no tengo nada que ver. Me han pagado solo para viajar en este avión. Yo no sé nada.

–¿Cómo se llama usted?

–Sergio Prymak.

Cuando Carmen llama al aeropuerto y pregunta a la policía por el hombre, le dicen que existe, que no es un nombre falso y que no es ningún asesino, sino un ciudadano argentino sin antecedentes.

–¿Qué hacemos ahora, Sabina?

–¡Espera! A ver, ¿dónde está el plano que encontramos en la gabardina?

–Lo tiene la P2.

Los pasajeros empiezan a despertarse, dentro de poco las azafatas servirán el desayuno, no tenemos mucho tiempo. Carmen y Marcelo se van a hacer su

| ciudadano/a *m/f* | Bürger(in) |
|---|---|
| antecedente *m* | *hier*: Vorstrafe |
| excepcional | außergewöhnlich |
| asombrado | erstaunt, überrascht |
| deprisa | eilig, schnell |

trabajo, y nos quedamos con la P2, que no sabe dónde ha puesto el plano. Lo buscamos en su cabina. Todo el tiempo Estrella está a mi lado, nerviosa, seria y segura. Es verdaderamente una niña excepcional.

–Aquí está –dice ella.

–Déjame ver. ¡Esto no es Buenos Aires!

–¿Cómo? –ahora es la P2 la que pregunta asombrada.

–Mira –las tres miramos el plano– Buenos Aires no es así.

–Tienes razón, esto me suena –dice la P2.

Nos miramos y lo comprendemos al mismo tiempo.

–¡Es el plano de Madrid! ¿Qué hora es en Madrid?

–Ahora mismo son casi las dos.

–Hay que llamar deprisa al aeropuerto de Barajas. Tienes que decir que en el restaurante Ché bandoneón van a intentar matar al banquero Raúl González de Mesa, que vayan deprisa.

–¿Cómo?

–Haga lo que le digo, por favor, no hay tiempo que perder.

84

Entonces es Estrella la que habla.

–Sabina tiene razón. Mire, se lo explico muy rápido: el asesino y este señor son muy parecidos, el asesino conoció a Sabina y habló con ella, luego entró en el avión pero no entró, el que entró fue ese señor, que no sabe nada. El asesino tiene que matar a alguien en Madrid, pero sabe que la policía lo sigue, así que quiere hacerles creer que

| | |
|---|---|
| temblar *irr* | zittern |
| colgar *irr* | *hier*: auflegen; hängen |
| despierto | wach |
| cariñoso | zärtlich |

se va a Buenos Aires, ¿entiende?, pero aún está en Madrid, y dentro de media hora es la reunión de la junta directiva del banquero en ese restaurante, y van a matarlo. Hay que llamar deprisa para avisar.

–Bueno, ya llamo.

La P2 está muy nerviosa, le tiembla todo el cuerpo pero Estrella le coge la mano y se tranquiliza un poco. Entonces, llama a Barajas. Cuando cuelga, nos dice más tranquila:

–La policía ya tiene la información. Van a llamar al banquero y dentro de media hora estarán en el restaurante. Ahora, vuelvan a sus asientos. Ah, y en Buenos Aires la policía las espera para hablar con ustedes.

Volvemos a nuestros asientos, contentas. Veo que Estrella pasa junto a sus hermanos y su padre, que ya están despiertos. Se dan los buenos días, la niña habla un rato con ellos. El padre me mira, luego mira a su hija y le da un beso muy cariñoso. Luego viene.

–¿Qué te ha dicho tu padre?

–Que me quiere mucho y que soy muy valiente y que ya hablaremos en Buenos Aires.

Nos quedamos un momento calladas. Luego Estrella me dice:

–Sabina, hay algo que no entiendo.

—A ver, dime.

—O sea, tú hablaste con el asesino en la cola de la facturación, luego lo perdiste y viste entrar al doble, a ese Sergio Prymak. **Se parece** mucho al asesino, llevaba el mismo sombrero, el portafolios, todo correcto. Todo eso se puede hacer. Pero, ¿y la revista?

—Tienes razón. En la cola de la facturación, el asesino estaba hablando por teléfono, probablemente con el doble, dijo

| | |
|---|---|
| **parecerse** *irr* **a alguien** | jdm. ähneln |
| **apuntar** | *hier*: notieren |

algo así como "tengo una idea". Entonces empecé a hablar con él y le **apunté** el teléfono en su revista. En algún momento el asesino le dio la revista al doble para confundirme a mí también.

—Pero, ¿por qué el tal Sergio Prymak tenía las dos tarjetas de embarque?

—El asesino entregó la suya en la puerta de embarque, y luego, con alguna excusa, debió de volver a la sala de espera. Entonces le dio al doble la revista y la gabardina, pero en el bolsillo estaba la tarjeta de embarque. Y como era la gabardina que llevaba el asesino, yo sentía todo el tiempo su olor. Ese fue su error, lo descubrimos por el olor. Y gracias a ti, claro.

—Lo descubrimos juntas.

Nos miramos sonriendo sin decir nada.

Y bueno, ya saben todo lo que pasó. Creo que ha quedado claro. Si tienen más preguntas, por favor, otro día, que a las 12 he quedado con Estrella para enseñarle Buenos Aires.

> Bei Verben, deren Infinitiv auf *-zar* endet, weist die 1. Person Singular im *Pretérito Indefinido* eine orthographische Besonderheit auf. Die scheinbar unregelmäßige Form wird jedoch de facto ganz regelmäßig gebildet: Zum Wechsel von *z* zu *c* kommt es, weil der betreffende Laut vor *a, o* und *u* mit einem *z* wiedergegeben wird und vor *e* und *i* mit einem *c*. Verben dieses Typs sind z. B. *abrazar - abracé, almorzar - almorcé, aterrizar - aterricé, empezar - empecé, utilizar - utilicé*.

**Ejercicio 15: Comprensón.** Sind die Aussagen korrekt?
**Markieren Sie mit richtig ✔ oder falsch – !**

1. A la P2 la pone nerviosa la investigación de Sabina. ❑
2. Mientras duerme, Sabina sueña con el pasajero. ❑
3. Estrella descubre por sí misma que el asiento 156B está ocupado. ❑
4. Sergio Prymak es un asesino muy peligroso. ❑
5. Marcelo les ayuda a las dos chicas en todo. ❑
6. Descubren que el asesino prepara un asesinato. ❑
7. Al final, Estrella y Sabina se hacen buenas amigas. ❑
8. El restaurante ¡Ché bandoneón! está en Barcelona. ❑
9. Sabina y Estrella encuentran el plano dibujado en la revista. ❑
10. El plano no es un dibujo de Buenos Aires. ❑
11. Al final, la P2 despide a Sabina, Carmen y Marcelo. ❑
12. Después de la aventura a bordo del avión, Sabina le muestra Buenos Aires a Estrella. ❑

# Crimen en el Teatro Romano de Mérida

**Mario Martín Gijón**

# Una tragedia demasiado real

Es una **calurosa** noche de agosto. Estamos en Mérida, en el sur de España. Aquí, incluso por la noche, la temperatura es muy alta, casi treinta grados. Pero eso no importa a los cinco mil espectadores en el Teatro Romano de Mérida. Están **contemplando** la representación de la tragedia 'Antígona', del autor griego Sófocles. El Teatro Romano de Mérida se terminó de construir en el año 15 **a. C.**, en época del **emperador** Augusto. Probablemente es el teatro romano mejor conservado del mundo y desde 1933 es el escenario del Festival de Teatro Clásico.

| | |
|---|---|
| caluroso | warm, heiß |
| contemplar | betrachten |
| a. C. (ante Cristo) | v. Chr. |
| emperador *m* | Kaiser |
| orgulloso | stolz |
| ciudad *f* natal | Geburtsort, Heimatstadt |
| enterrar *irr* | beisetzen, beerdigen |
| cadáver *m* | Leichnam |
| conquistar | erobern |
| obedecer *irr* | gehorchen |
| descubierto | entdeckt, ertappt |
| condenar a muerte | zum Tode verurteilen |
| a pesar de | trotz |

Esta noche, todos los ojos miran a la protagonista de 'Antígona', representada por Felisenda Gimeno, una actriz joven pero ya muy famosa. Sus padres, Antonio e Inés, están muy **orgullosos** de ella y muy contentos de verla actuar en Mérida, su **ciudad natal**. También el novio de Felisenda, Ramón Cerezo, está entre el público y mira con emoción la obra, aunque parece algo nervioso.

**Ejercicio 1: Artículos y pronombres.** Lesen Sie weiter und unterstreichen Sie alle Artikel und Possessivpronomen im folgenden Abschnitt!

La tragedia comienza cuando Creonte, rey de Tebas, prohíbe **enterrar el cadáver** de Polinices. Este quiso **conquistar** la ciudad. Pero Antígona, la hermana de Polinices, no **obedece** al rey y entierra a su hermano. Antígona es **descubierta** y Creonte la **condena a muerte, a pesar de** la oposición de su hijo, Hemón, que es el novio de Antígona.

El papel de Hemón es representado por Luis Manuel Duque, un joven actor. La madre de Felisenda comenta:

–Ese Luis Manuel es muy buen actor.

–A mí no me parece tan bueno –dice Ramón, de mal humor.

Inés sonríe y no dice nada, pues sabe lo celoso que es Ramón, a quien no le hace gracia ver a su novia con otro hombre, aunque sea en una obra de teatro.

| papel *m* | *hier*: Rolle |
| celoso | eifersüchtig |
| hacer *irr* gracia | Spaß machen, gefallen |
| asistir | beiwohnen, anwesend sein |
| valer *irr* la pena | sich lohnen |
| además | außerdem |

–Realmente es impresionante asistir a una obra en este teatro –comenta Antonio, el padre de Felisenda–. Con esas grandes columnas antiguas detrás y con las estatuas, parece que estamos en la época de los romanos.

–Ya te dije que valía la pena –dice Inés–. Y además tenías que ver cómo trabaja tu hija, pues no la habías visto nunca actuando.

–¡Sí que la vi una vez! –protesta Antonio.

–Sí, claro, pero eso era en el colegio. No es lo mismo –dice Ramón.

–Desde luego, se crea un ambiente especial durante este Festival de Teatro Clásico –comenta Inés–. Sí que podríamos imaginar que estamos en el siglo I d. C., cuando esta ciudad se llamaba Emerita Augusta y era la capital de la provincia de Lusitania.

| | |
|---|---|
| siglo *m* | Jahrhundert |
| d. C. (después de Cristo) | n. Chr. |
| emeritense *m/f* | Einwohner(in) von Mérida |
| aparecer *irr* | auftreten; erscheinen |
| adivino/a *m/f* | (Hell-)Seher(in), Wahrsager(in) |
| enrojecer *irr* | erröten |
| molesto | verärgert, genervt |

–Tenían que ser buenos tiempos aquellos –dice Antonio–. Aunque ahora sea la capital de Extremadura, que tampoco está mal.

–Bueno, eso de buenos tiempos… Depende, un gladiador o un esclavo no lo disfrutaría mucho –comenta Ramón con ironía.

–No, yo sería lo que soy ahora. Un emeritense orgulloso de su ciudad y con una hija que es la mejor actriz de España.

–Bueno, si piensas así, presta más atención a la obra, que ahora está terminando –comenta Inés.

–No, todavía queda un rato –dice Ramón y continúa –ahora aparece el adivino Tiresias, que avisa a Creonte de que tiene que dejar enterrar a Polinices, si no quiere que "alguien de su sangre" pague por sus errores.

–¡Vaya, qué bien te lo sabes! Pero no nos cuentes el final –dice Antonio.

–Es que Ramón no se pierde una representación de Inés, al contrario que tú. ¿Verdad, Ramón?

Ramón enrojece un poco.

–Claro, es normal, ¿no? A ella le gusta que yo asista como público, aunque no quiere que asista a los ensayos porque dice que se pone nerviosa... Qué raro, ¿verdad? Se pone nerviosa en los ensayos pero no en la representación final. ¿Ustedes lo entienden? –pregunta dirigiéndose a los padres de Inés.

–No, pero a las mujeres a veces no las entiende nadie –dice Antonio.

–Eso lo dirás tú, que nunca entiendes nada –dice Inés a su marido, molesta por el comentario.

---

**Ejercicio 2: Palabra escondida.** Übersetzen Sie die Begriffe und enträtseln Sie das Lösungswort!

**1.** Aufführung _ _ _ _ _ _ _ ☐ _ _ _ _ _

**2.** nervös _ ☐ _ _ _ _ _ _

**3.** Blut _ ☐ _ _ _ _

**4.** Hauptstadt _ _ _ _ ☐ _ _

**5.** Irrtum _ _ _ ☐

**6.** Säule _ ☐ _ _ _ _ _

Lösung: ☐ ☐ ☐ ☐ ☐ ☐

---

Luego se representa la disputa entre Antígona y su hermana, Ismene.

–Es Laura del Tilo –comenta Inés–. Es una actriz muy buena también. Felisenda y ella son muy amigas.

Ismene, en la obra, dice que ella también **participó en** el **entierro** de Polinices. **Se ofrece** a ser sacrificada junto a Antígona. Pero Antígona sabe que esto es falso, y así lo dice ante Creonte y los jueces. Antígona es conducida a prisión, condenada a muerte. Felisenda mira con increíble **angustia**, el público está emocionado.

| | |
|---|---|
| **participar en** | an etw. teilnehmen |
| **entierro** *m* | Begräbnis |
| **ofrecer(se)** *irr* | (sich) anbieten |
| **angustia** *f* | *hier*: tiefe Traurigkeit, Kummer, Angst |
| **recorrer** | entlanggehen, -laufen, durchqueren |
| **escalofrío** *m* | Schauder |

A Antonio, al escucharla, lo **recorre** un **escalofrío**, no sabe por qué. Entonces aparece el adivino Tiresias.

–¡Pero si es Pepe Preciado! –exclama Ramón.

–¿Conoces a ese actor? –pregunta Inés–. Es la primera vez que lo veo…

–Sí, era profesor de griego en el instituto donde yo estudié. Pero creo que se jubiló.

**Ejercicio 3: Plural.** Bilden Sie den Plural der folgenden Wörter! Achten Sie dabei besonders auf die Akzente.

**1.** prisión _____

**2.** rey _____

**3.** representación _____

**4.** actor _____

**5.** atención _____

**6.** teléfono _____

–¡Qué curioso! ¡Parece que encontró un trabajo nuevo!

Tiresias, junto a un coro de ancianos, le propone al rey Creonte cambiar de actitud. Este, finalmente, acepta y decide liberar a Antígona.

–Ahora llega la parte más emocionante –dice la madre de Felisenda–. Pero también la más triste.

| | |
|---|---|
| anciano/a *m/f* | alte(r) Frau/Mann, Greis(in) |
| celda *f* | Zelle |
| de repente | plötzlich |
| acercarse (a) | sich nähern (an) |
| murmullo *m* | Murmeln |
| preocupación *f* | Besorgnis |
| pálido | blass, bleich |

Los padres de Felisenda y su novio hablan en voz muy baja. Todo el público mira con emoción.

Hemón llega a la celda de Antígona para liberarla, pero la encuentra en el suelo, inmóvil. Hemón la toca y comienza a llorar por ella. De repente, Hemón parece ponerse nervioso, pero continúa. Otra vez se acerca a Antígona, le toca la frente y le toma el pulso.

Un murmullo de preocupación se expande por el público. De repente el actor Luis Manuel Duque grita:

–¡Un médico! ¡Llamen a un médico!

**Ejercicio 4: Formas del verbo.** Lesen Sie weiter und unterstreichen Sie das passende Wort!

Rápidamente **1.** llega / llegó un médico que examina a Felisenda. El médico **2.** se pone / se puse pálido y ordena que **3.** llevan / lleven a Felisenda de inmediato al hospital.

–¿Qué le ha **4.** pesado / pasado a mi hija? –**5.** grita / grite Antonio, desesperado.

–Lo siento mucho, señor Gimeno –le **6.** digo / dice el médico.

La señora Gimeno se **7.** desmaya / desmayo .

Mientras, Ramón no **8.** para / pare de llorar y se pregunta:

–¿Por qué? ¿Por qué?

Al día siguiente, los periódicos, las noticias de la radio y la televisión solo hablan de la extraña muerte de la joven actriz Felisenda Gimeno. La madre de Felisenda duerme, tras tomar unos tranquilizantes, atendida por una psicóloga. Su padre, Antonio, está sentado en un sillón, quieto y silencioso como una estatua. No contesta al teléfono y no sale de casa, pues sabe que está rodeado de periodistas. En una mesa a su lado está extendido 'El Periódico de Extremadura', con un gran titular sobre una fotografía de Felisenda Gimeno:

---

### JOVEN PROMESA DE LA ESCENA MUERE EN PLENA ACTUACIÓN

La actriz Felisenda Gimeno, de 23 años, falleció anoche cuando estaba representando el papel protagonista de la obra 'Antígona', en el Teatro Romano de Mérida. Aún se ignora la causa de su muerte.

La policía ha anunciado una rueda de prensa para esta tarde. Numerosas personalidades del mundo del espectáculo han transmitido sus condolencias a la familia Gimeno.

---

A mediodía suenan unos golpes en la puerta. Antonio, de repente, se levanta con furia:

–¿Por qué no podrán dejarme en paz?

Antonio abre la puerta, con la idea de enfrentarse a los periodistas. Sin embargo, son dos agentes de policía.

–Señor Gimeno, ya tenemos los resultados de la autopsia.

–¿Ah, sí? Pasen, por favor.

Uno de los agentes mira **fijamente** a Antonio.

–Señor Gimeno. ¿Su hija padecía depresión o tenía algún problema personal grave?

–¡No! –grita Antonio–. Era una chica alegre y estaba muy contenta con su trabajo. Además, iba a casarse pronto. ¿Cómo puede pensar que…?

–Es nuestra **obligación** examinar todas las posibilidades.

–¿Pero qué dijo la autopsia?

–Señor Gimeno, su hija fue **envenenada**.

| | |
|---|---|
| extraño | seltsam, komisch |
| tranquilizante *m* | Beruhigungsmittel |
| atendido por | betreut von |
| extendido | ausgebreitet |
| fallecer | sterben, verscheiden |
| rueda *f* de prensa | Pressekonferenz |
| transmitir sus condolencias | sein Beileid aussprechen |
| fijamente | aufmerksam, sehr genau |
| obligación *f* | Pflicht |
| envenenado | vergiftet |

# Discusión familiar en la casa de campo

Antonio Gimeno decide que lo mejor que puede hacer es intentar descubrir al asesino de su hija. Aunque la policía ha iniciado una investigación, quiere explorar otras posibilidades. Recuerda que, hace dos años, leyó la historia de un caso que lo impresionó mucho, en el que un detective resolvió el caso de la misteriosa muerte de una estudiante en Salamanca. Tras unos minutos da con la noticia, en la página de internet de 'La Tribuna de Salamanca'. Allí encuentra el nombre del detective, un tal comisario José Márquez. Lo busca en las 'Páginas Amarillas'.

**Ejercicio 5: ¿Ser, estar o haber?** Ergänzen Sie *ser*, *estar* oder *haber* in der richtigen Zeitform!

1. José Márquez _____ un detective privado.

2. Antonio cree que su hija _____ asesinada.

3. En Mérida _____ muchas ruinas romanas.

4. _____ la primera vez que Antonio veía actuar a su hija.

5. Pepe Preciado _____ profesor de griego.

6. Mérida _____ la capital de la provincia de Lusitania.

Antonio encuentra un número de teléfono de Madrid, al que llama. Al principio nadie responde. "¿Será un número falso?", se pregunta Antonio. Finalmente, una voz malhumorada responde:

–¿Dígame?

Antonio le cuenta el caso de su hija. Al otro lado del aparato, el detective lo escucha atentamente. Al terminar, acepta **encargarse del** caso.

–Estaré en Mérida hoy mismo.

Márquez toma su coche y **pone rumbo a** Extremadura. A la salida de Madrid, como casi siempre, hay un **atasco**. Márquez, para no ponerse demasiado **impaciente** pone un CD de

| | |
|---|---|
| intentar | versuchen |
| asesino/a *m/f* | Mörder(in) |
| investigación *f* | Untersuchung, Ermittlung |
| explorar | erkunden, untersuchen |
| resolver *irr* | lösen |
| dar *irr* con una.noticia | *hier*: eine Information (im Internet) finden |
| Páginas *f pl* Amarillas | Gelbe Seiten |
| encargarse de algo | sich um etw. kümmern |
| poner *irr* rumbo a | eine Route einschlagen, Kurs nehmen auf |
| atasco *m* | Stau |
| impaciente | ungeduldig |
| llanura *f* | Ebene |
| encina *f* | Steineiche |
| dehesa *f* | Weide; Koppel |

Nino Bravo, uno de sus cantantes preferidos, de los años sesenta. Una vez que toma la autovía de Extremadura, la carretera está mucho más libre. Márquez contempla las inmensas **llanuras** con **encinas**, llamadas **dehesas**, típicas de Extremadura.

**Ejercicio 6: Preposiciones.** Lesen Sie weiter und wählen Sie die richtige Präposition aus!

El viaje **1.** en / con coche hasta Mérida dura tres horas y media. **2.** En / A mitad de camino, Márquez hace una pausa en Trujillo **3.** por / para tomar café en un restaurante. Ya **4.** sobre / desde la autopista, la pequeña ciudad de Trujillo es inconfundible, con su gran castillo que, **5.** sobre / frente el Cerro del Zorro, domina el resto de los edificios. Trujillo es conocida también **6.** por / para ser el lugar donde nació Francisco Pizarro, **conquistador** del Perú.

En el restaurante, Márquez observa con curiosidad la gran variedad de jamones y quesos puestos a la venta. Los jamones, el lomo y el chorizo de Extremadura son conocidos en toda España. Márquez piensa que no sería mala idea comprar uno de esos jamones, que parecen mejores y más baratos que los que puede ver en Madrid, pero decide que lo

| | |
|---|---|
| conquistador *m* | Eroberer |
| curiosidad *f* | Neugier |
| recompensa *f* | Belohnung |
| zona *f* residencial | Wohngebiet |

hará después de resolver el caso, como recompensa.

Márquez vuelve a tomar el coche y, tras una hora y cuarto, entra en Mérida. Desde la lejanía, lo primero que ve es el Puente Lusitania[i], que contrasta con el antiguo puente romano.

Márquez lleva un navegador GPS para orientarse en la ciudad. Es la primera vez que visita Mérida. Ha marcado la calle Pardo que queda en una zona residencial. Cuando llega, ve que junto al bloque

Die vom spanischen Stararchitekten Santiago Calatrava entworfene Lusitania-Brücke über den Fluss Guadiana wurde errichtet, um die bis dahin einzige Verbindung der beiden Flussufer, die alte Römerbrücke, zu entlasten. Diese ist heute nur noch für Fußgänger zugänglich.

de pisos hay furgonetas de Televisión Española, Tele 11, Antena 13 y varias cadenas de radio y televisión regionales. Márquez hace un **gesto de disgusto**, no le **apetece** hablar con periodistas. Baja del coche y llama a la puerta. Nadie contesta, pero dos minutos después baja un hombre joven, muy bien vestido, al que Márquez no conoce.

–Buenos días. **Supongo** que es usted el señor Márquez. Yo soy Enrique, el hermano de Antonio.

–¿Dónde está Antonio? ¿Le ha pasado algo? –pregunta Márquez **preocupado**.

–No, está bien. Bueno, **dentro de lo que cabe** –se corrige Enrique–. Se ha ido a su finca, **estaba harto de** los periodistas. Yo le indicaré el camino.

La finca de la familia Gimeno está a unos veinte kilómetros de Mérida, cerca del **embalse de Proserpina**, construido por los romanos. Durante el viaje, Enrique no dice casi nada, solo le enseña el camino. Parece concentrado en sus pensamientos, y Márquez prefiere respetar su dolor.

La familia Gimeno tiene una gran casa, con piscina y jardín. Enrique llama a la puerta. Tras unos momentos, les abre la puerta Antonio, que **muestra señas de** no haber dormido y de haber llorado mucho.

–**Lo acompaño en el sentimiento**, señor Gimeno –le dice Márquez, dándole un abrazo–. Le

| | |
|---|---|
| gesto *m* de disgusto | Geste der Verärgerung |
| apetecer *irr* | mögen, Lust haben auf |
| suponer *irr* | annehmen, vermuten |
| preocupado | besorgt |
| dentro de lo que cabe | im Rahmen des Möglichen |
| estar *irr* harto de algo | etw. satt haben |
| embalse *m* de Proserpina | Proserpina-Talsperre (aus römischer Zeit) |
| mostrar *irr* señas de | Anzeichen von etw. zeigen |
| Lo acompaño en el sentimiento. | Mein Beileid. |

prometo que haré todo lo posible para encontrar al **culpable**.

| | |
|---|---|
| **culpable** *m/f* | Schuldige(r) |
| **dar** *irr* el **pésame** | Beileid aussprechen |

–Eso espero. No entiendo cómo puede haber tanta maldad… Una chica tan joven…

–¿Cómo está su esposa? –pregunta el detective.

–Mal. Muy mal. Ahora está durmiendo, el psicólogo le dio unos tranquilizantes.

En ese momento aparece Ramón. Antonio lo presenta:

–Este es el detective Márquez. Ramón era el novio de mi hija.

Márquez le **da el pésame** también a Ramón. Nota que la familia está destrozada y que tiene que pasar a la acción sin perder tiempo.

## Ejercicio 7: Vocabulario. Ordnen Sie dem Verb das passende Substantiv zu!

1. ☐ abrir            **a)** un país
2. ☐ resolver         **b)** un jamón
3. ☐ representar       **c)** una posibilidad
4. ☐ poner            **d)** un abrazo
5. ☐ hacer            **e)** un periódico
6. ☐ conquistar       **f)** una puerta
7. ☐ dar              **g)** un viaje
8. ☐ comprar          **h)** un caso
9. ☐ examinar         **i)** un papel
10. ☐ leer            **j)** un CD

–Mérida es una ciudad pequeña –comenta Márquez–. Quizás conocen ustedes a todas las personas que se relacionaban con Felisenda, y saben si alguna podía tener algún motivo para hacer algo así.

–Felisenda, cuando no estaba trabajando, pasaba todo su tiempo conmigo o con su familia –dice Ramón–. Por lo demás, pasaba muchas horas con la gente del teatro.

–¿Qué tipo de gente es? –pregunta el detective.

–Yo no los conozco mucho –contesta Ramón–. Felisenda tenía dos vidas. Una para el teatro y otra para su familia y para mí. En general, creo que son gente algo orgullosa, creen que son especiales y que lo que hacen es muy importante…

| | |
|---|---|
| llevar la contraria a alguien | jdm. widersprechen |
| ⚡ perturbado/a *m/f* | Geistesgestörte(r) |
| iluminar con sabiduría | mit Wissen erhellen |
| darse *irr* cuenta de | etw. bemerken |

–Bueno, Ramón, esa es tu opinión personal, no creo que le importe al señor Márquez –interrumpe Enrique.

–Enrique, como siempre, tiene que llevarme la contraria –dice Ramón, de mal humor.

–Me interesan las opiniones personales –dice Márquez–. ¿Tiene usted alguna idea?

–Creo que Felisenda no tenía enemigos y que el crimen pudo cometerlo algún perturbado, algún psicópata. Precisamente hace dos días vi una noticia en el periódico que me llamó la atención…

–A ver, ilumínanos con tu sabiduría, Enrique –dice Ramón.

El comisario Márquez se da cuenta de que Ramón y Enrique se llevan muy mal.

Enrique busca en su cartera, saca un recorte del diario 'Hoy' y se lo entrega a Márquez, el cual lee:

## INTERNO HUIDO DEL HOSPITAL PSIQUIÁTRICO

José Manuel B., un joven de veinticinco años, interno desde hace cinco años en el Hospital Psiquiátrico de Mérida, huyó ayer de la clínica, según informó la dirección del hospital. El joven padece una esquizofrenia grave y necesita tomar medicamentos diariamente. Se advierte a quienes lo vean que puede ser peligroso, y se ruega que avisen a la policía.

Junto a la noticia aparece la fotografía de un chico con pelo rizado y rubio y cara aniñada. Ramón, al ver la fotografía, comenta:
–No parece nada peligroso. Más bien da compasión, el pobre…

**Ejercicio 8: Presente.** Lesen Sie weiter und setzen Sie die richtigen Verbformen im Präsens ein!

-Yo no **1. decir** _____ que haya sido él

- **2. decir** _____ Enrique-. Solo pienso que

**3. ser** _____ una posibilidad.

-Hay que tener en cuenta todas las hipótesis - **4. contestar** _____ Márquez-. ¿ **5. Poder** _____ llevarme el recorte de periódico?

-Por supuesto, comisario - **6. responder** _____ Enrique y **7. sonreír** _____.

-Me gustaría contactar a los miembros de la compañía de teatro donde trabajaba Felisenda.

-Yo **8.** tener _____ sus teléfonos. Espere un momento -le informa Ramón.

Mientras tanto, Antonio, sentado en el sillón, parece **hundido en sus pensamientos**. De repente exclama:

-Yo no **9.** creer _____ que a mi hija la haya matado un perturbado, un loco. Justo en la noche del estreno... **10.** Estar _____ seguro de que fue un crimen cuidadosamente calculado... No **11.** saber _____ quién sería, pero si alguna vez lo **12.** ver _____ frente a mí... **No saldrá con vida**...

Todos quedan en silencio durante un momento. Por el tono de Antonio saben que habla **en serio**.

Finalmente, Márquez toma la palabra:

—Confíe en la justicia, señor Gimeno. La policía seguro que está buscando al criminal, y yo haré todo lo posible, como le he dicho.

Entonces llega Ramón con la lista de teléfonos:

—Estos son los números de cada uno de los actores y actrices y el de la compañía.

| | |
|---|---|
| interno/a *m/f* | Insasse, Insassin |
| huir *irr* | fliehen |
| esquizofrenia *f* | Schizophrenie |
| rizado | gelockt |
| miembro *m* | Mitglied |
| compañía *f* (de teatro) | (Theater-)Truppe, Ensemble |
| hundido en sus pensamientos | in Gedanken versunken |
| no salir *irr* con vida | nicht überleben |
| en serio | im Ernst |

–'Teatríptico', qué nombre tan original…

–Se llama así por tener tres actrices principales –explica Enrique–. Ahora tendrá que cambiar de nombre…

Antonio y Ramón miran a Enrique muy serios. A Márquez le

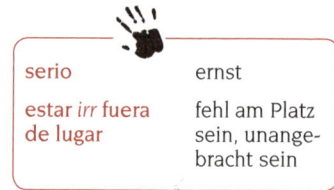

| | |
|---|---|
| serio | ernst |
| estar *irr* fuera de lugar | fehl am Platz sein, unangebracht sein |

parece también que ese comentario estaba fuera de lugar.

# 3 Un grupo muy peculiar

Márquez tiene una cita con la gente del teatro en el bar Los cien montaditos, cerca de la Plaza de España, en el centro de Mérida. Cuando Márquez llega al bar, reconoce enseguida quiénes son. En una mesa están sentadas dos chicas y dos chicos, con ropas aparentemente descuidadas pero a la vez muy vistosas. Están hablando muy animadamente pero cuando ven entrar al comisario Márquez se callan todos al instante. El detective se da cuenta de este detalle, pero hace como si no lo hubiera notado y se dirige con una sonrisa hacia el grupo:

–¡Hola, chicos! Soy el comisario Márquez. Me alegro de poder conoceros.

–Yo soy Laura del Tilo –dice una chica, alta y pelirroja, con unos profundos ojos azules, y que lleva un llamativo vestido verde.

–Y yo soy Fernando Gutiérrez –dice uno de los chicos. Es un joven alto, moreno y con gafas que está sentado con su brazo sobre el hombro de Laura.

–Yo me llamo Ainara Urrutia –dice otra chica, morena y con el pelo corto, más bien baja de estatura, que lleva una camiseta del grupo teatral.

| | |
|---|---|
| peculiar | besonders, eigen, speziell |
| montadito *m* | kleine belegte Brotschnitte |
| descuidado | nachlässig, ungepflegt |
| vistoso | *hier*: kleidsam; ansehnlich |
| callar(se) | schweigen, verstummen |
| sonrisa *f* | Lächeln |
| pelirrojo | rothaarig |
| llamativo | auffällig |
| hombro *m* | Schulter |

–Encantado –dice Márquez–. ¿Eres vasca, verdad? –pregunta dirigiéndose a Ainara.

–Sí, soy de Irún. ¿Cómo lo sabe?

–Por el nombre, lo he supuesto –contesta Márquez.

–Umm… Se ve que es usted un detective –comenta ella. Sus compañeros ríen.

| | |
|---|---|
| reflexionar | nachdenken |
| interrogar | befragen, verhören |
| asesinado/a *m/f* | Ermordete(r) |
| dudar | zögern; (an) zweifeln |
| testigo *m/f* | Zeuge, Zeugin |

Entonces interviene el otro chico del grupo, que hasta ahora había permanecido en silencio:

–Yo soy Luis Manuel Duque –le dice, dándole la mano al comisario Márquez.

–Encantado. Tú por tu acento debes ser argentino, ¿verdad?

–¿Argentino yo? No, por favor, soy uruguayo.

–De acuerdo, disculpa –dice Márquez, sonriendo.

–¿Qué queréis tomar? –pregunta Laura, levantándose para ir a la barra y pedir las bebidas.

Márquez reflexiona un momento. Le parece que ese no es el lugar adecuado para interrogar a los compañeros de la asesinada. Se ha dado cuenta de que muchas personas los miran con curiosidad y de que comentan cosas en voz baja. "Las cosas de las ciudades pequeñas", piensa Márquez y propone:

–Creo que sería mejor ir a un sitio más tranquilo.

–¿Por qué? Este sitio está bien, ¿no? –dice Laura–. Además ponen unos montaditos riquísimos.

Márquez, ante ese argumento, duda un momeno pero reacciona:

–No, creo que sería mejor ir al lugar de los hechos. Al Teatro Romano de Mérida.

Márquez sale del bar y llama con su móvil a la comisaría de policía de Mérida. Les pide que prohíban la entrada al Teatro Romano durante una hora, para estar solo con los actores. Le contestan que no hay problema, pero que deberá esperar una media hora.

**Ejercicio 9: Plural.** Setzen Sie die unterstrichenen Satzteile in den Plural!

**1.** Creo que <u>debo</u> ir al lugar de los hechos.

_____

**2.** <u>El detective se dio cuenta de este detalle.</u>

_____

**3.** <u>Voy</u> al bar a <u>tomarme</u> un café con leche.

_____

**4.** El <u>testigo</u> avisó a la policía.

_____

El Teatro Romano queda justamente al lado del anfiteatro y fue construido solamente unos diez años después.

Márquez decide entonces ir a pie hasta allí, por la calle Santa Eulalia, la calle más famosa de Mérida, donde están las tiendas más conocidas. Cerca de ella está el majestuoso Templo de Diana[i], rodeado de enormes columnas y que fue construido en el siglo I. Luego toman la calle de José Ramón Mélida y la calle del Museo,

Das heutige Mérida, das schon zur Römerzeit unter dem Namen _Emerita Augusta_ die Hauptstadt der Provinz Lusitania war, besitzt zahlreiche Sehenswürdigkeiten aus den Zeiten der Römer, der Westgoten, der Mauren und des christlichen Mittelalters. 1993 wurde die heutige Hauptstadt der Region Extremadura von der UNESCO zum Weltkulturerbe ernannt.

donde está el Museo Nacional de Arte Romano, diseñado por el famoso arquitecto Rafael Moneo, y donde se conservan las piezas arqueológicas romanas. En la entrada, tres agentes de policía los están esperando.

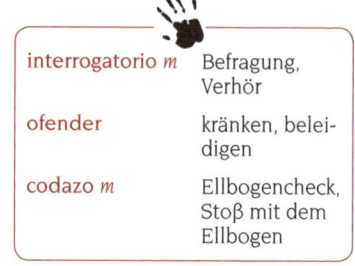

| | |
|---|---|
| interrogatorio *m* | Befragung, Verhör |
| ofender | kränken, beleidigen |
| codazo *m* | Ellbogencheck, Stoß mit dem Ellbogen |

Muchos peatones los miran y hacen comentarios al reconocer al grupo de actores.

Márquez se siente impresionado al ver el Teatro Romano, pero enseguida comienza el interrogatorio.

–Supongo que estaréis todos muy afectados por la muerte de vuestra compañera…

Nadie contesta en un principio. Finalmente, Laura dice:

–Por supuesto. Felisenda era una chica genial, alegre, muy trabajadora… Además nosotros somos como una familia.

–Felisenda era la actriz principal, ¿verdad? –pregunta Márquez.

–En esta obra, sí –dice Laura–. Pero no siempre era así.

–Por ejemplo, en la representación de 'Macbeth', Laura fue Lady Macbeth –interviene Fernando–. No sé si vio usted la prensa…

–No –dice Márquez–. Tengo que reconocer que no sigo mucho la actualidad teatral.

Fernando y Laura hacen un gesto de sorpresa, y Márquez piensa que quizás los ha ofendido con su comentario.

–No es que no me guste el teatro, pero es que siempre tengo mucho trabajo –explica–. ¿Entonces, en cada obra cambia el papel de actriz principal?

–No siempre. De hecho, yo pensaba que Laura sería Antígona, después de su maravillosa actuación en el Teatro de la Comedia como Lady Macbeth… No entiendo por qué escogieron a Felisenda para ese papel, es buena, pero creo que Laura lo habría hecho mejor…

Laura, de repente, parece nerviosa por los comentarios de Fernando y le da un leve codazo. Fernando se calla. Entonces interviene Luis Manuel:

## Ejercicio 10: ¿Presente, imperfecto o indefinido?
**Lesen Sie weiter und setzen Sie die Verben ins Präsens, Imperfecto oder Indefinido!**

-No entiendo para qué hablar de eso. Aparte de que el Festival **1.** ser, Imp. _____ en Extremadura, la región de Felisenda, todos nosotros **2.** estar, Ind. _____ de acuerdo en que ella **3.** ser, Imp. _____ la mejor para el papel. ¿O no?

-Creo que eso ahora no **4.** tener, Präs. _____ importancia. Todos **5.** estar, Präs. _____ muy tristes por su muerte -dice Ainara-. Yo **6.** esperar, Präs. _____ que encuentren al culpable, aunque no sé cómo **7.** poder, Präs. _____ ayudar nosotros.

-Me gustaría saber cómo **8.** encontrarse, Imp. _____ Felisenda antes del estreno -dice Márquez-. ¿Quién **9.** estar, Ind. _____ con ella esa noche antes de la actuación?

-Yo no - **10. decir, Präs.** _____ Laura.

-Yo tampoco - **11. decir, Präs.** _____ Fernando y Ainara.

-Ni yo -responde Luis Manuel-. Ella **12. querer, Imp.** _____ estar sola para ensayar su papel, como lo **13. hacer, Imp.** _____ normalmente. La única persona que la **14. ver, Ind.** _____ fue la maquilladora...

—¿Podría ver a esa maquilladora? –pregunta Márquez.

—Supongo que sí. Yo tengo su teléfono, si quiere, puedo llamarla –dice Ainara.

Veinte minutos después llega Loles Ramos, peluquera y maquilladora profesional. Es una mujer pelirroja, de unos cuarenta años, y parece muy nerviosa. Márquez le da la mano con una sonrisa:

—Encantado de conocerla, señora Ramos. Supongo que sabe por qué la he llamado.

—Claro, por lo que pasó a Felisenda. ¡Pobre chica! –exclama, y se le escapa un solloz o.

—Es algo muy triste, y sé que hablar de ello es doloroso, pero tenemos que encontrar al asesino que cometió ese acto tan horrible –dice Márquez.

—No sé cómo puedo ayudarlo… –dice la señora Ramos.

Márquez se siente un poco molesto al oír de nuevo este comentario.

—En primer lugar, parece que fue usted la última persona en verla antes de la actuación, ¿no es verdad?

—Sí. La estuve peinando y maquillando. No **tardé** mucho, el personaje de Antígona no necesita tanta preparación como otros. Luego la dejé sola, porque quería ensayar.

—¿Cómo la encontró?

—Normal, muy animada, nada nerviosa.

"Al contrario que vosotros ahora", piensa Márquez, que encuentra algo **sospechosa** la actitud de los compañeros de Felisenda. No sabe por qué, le parece que ocultan algo, pero, ¿cómo **comprobarlo**?

| | |
|---|---|
| **maquilladora** *f* | Visagistin |
| **sollozo** *m* | Schluchzen |
| **tardar en hacer algo** | sich Zeit lassen, etw. zu tun, Zeit brauchen |
| **sospechoso** | verdächtig |
| **comprobar** *irr* | (über)prüfen |
| **intento** *m* **de asesinato** | Mordversuch |
| **desviar la atención** | die Aufmerksamkeit ablenken |
| **extrañado** | verwundert |

De repente, comienza a sonar el móvil de Márquez. Es el comisario de policía de Mérida.

—Márquez, venga inmediatamente junto al anfiteatro. Ha habido un **intento de asesinato**.

Márquez sale rápidamente hacia el anfiteatro. Cuando llega, la policía intenta **desviar la atención** de un numeroso grupo de turistas. Un muchacho delgado, vestido de gladiador, grita cosas extrañas:

—¡Soy inocente! —grita el chico, muy nervioso—. ¡El César me mandó hacerlo!

Un agente de policía, alto y con una gran barba negra, se acerca a Márquez.

—Supongo que es usted el detective Márquez. Gracias por venir tan pronto.

—¿Qué está gritando ese chico? —pregunta Márquez, muy **extrañado**.

—Es José Manuel Blázquez, el chico que escapó del psiquiátrico. Padece una esquizofrenia grave, lo estábamos buscando. No sabemos cómo llegó aquí.

—¿Y quién es la víctima? –pregunta Márquez.

—Es un turista norteamericano que estaba haciendo fotos del anfiteatro. Los médicos que lo han reconocido dicen que tiene heridas graves en la espalda y en los brazos, pero su vida no corre peligro.

Márquez contempla a José Manuel, al que un agente ha puesto las esposas e intenta tranquilizar.

—¿De dónde habrá sacado ese disfraz de gladiador? –pregunta Márquez.

—No tengo ni idea –dice Pantoja–. Pero no creo que él se lo diga. Tiene problemas mentales muy graves.

## Ejercicio 11: Preposiciones. Setzen Sie die richtige Präposition ein!

1. Me gusta pasear _____ la calle Santa Eulalia.

2. El agente dio las gracias a Márquez _____ venir tan pronto.

3. Fernando cree que Felisenda no era la actriz adecuada _____ el papel de Antígona.

4. Pero todos sus compañeros están muy tristes _____ su muerte.

5. Márquez y los actores fueron _____ pie hasta el teatro.

6. El policía es un hombre _____ unos cuarenta años, _____ una abundante barba negra.

114

Márquez mira al joven José Manuel, que se agita ahora murmurando frases ininteligibles. El detective siente algo de compasión. ¿Cómo puede caer un chico así en la locura y cometer un acto tan absurdo como agredir a un turista con una espada? Es un misterio. Entonces pregunta a Pantoja:

–Agente, me gustaría interrogar al detenido, si me dan su permiso.

Pantoja mira a Márquez y después de reflexionar, contesta:

–Tendré que hablar con el comisario de Mérida, pero no creo que haya ningún inconveniente.

| | |
|---|---|
| padecer *irr* | leiden an |
| herida *f* | Wunde, Verletzung |
| espalda *f* | Rücken |
| poner *irr* las esposas | Handschellen anlegen |
| agitarse | sich hin und her bewegen, sich schütteln |
| murmurar | murmeln |
| ininteligible | unverständlich |
| caer(se) *irr* | fallen |
| locura *f* | Irrsinn |
| agredir | anfallen, angreifen |
| espada *f* | Schwert |
| detenido/a *m/f* | Häftling |
| inconveniente *m* | Schwierigkeit, Hindernis |

# 4 "O conmigo o con nadie"

Poco después, Márquez se encuentra en el Hospital Psiquiátrico de Mérida, donde ha sido conducido José Manuel Blázquez para ser internado.

Márquez espera el permiso para acceder a su habitación. Entonces viene una mujer algo mayor, de baja estatura y gesto serio, con una bata blanca.

–Buenos días, señor…

–Márquez, comisario Márquez.

–Soy la doctora Gloria López. Me han dicho que usted quiere hablar con José Manuel.

–Sí, quería interrogarlo sobre lo que

| internar | einweisen |
| acceder | gelangen |
| bata *f* | Kittel |
| sorprendido | erstaunt |
| abandonar | verlassen |

ha pasado hace unas horas… Pero me gustaría conocer su opinión. ¿José Manuel es un loco peligroso?

–Yo no lo diría. Todos estamos muy sorprendidos y muy tristes por lo que hizo. Afortunadamente parece que el turista se recuperará pronto. No sé qué decirle, tengo que hablar aún con José Manuel para aclarar lo que pasó, ahora está un poco confuso, no sé si es buena idea que lo interrogue.

–¿Qué le pasó a ese chico? ¿Por qué está así?

–Tuvo una infancia difícil. Su padre abandonó a su madre cuando él era muy pequeño. Eso lo ha afectado especialmente. Creo que desde muy pronto buscó una figura paterna. Es fácilmente manipulable. Sufrió mucho por eso… –termina la doctora, en tono algo triste.

–Vaya. Es una muy triste historia –dice Márquez–. Pero comprenda, doctora López, que debo hablar con él. Ya sabe que hace dos días hubo un asesinato muy cerca de donde hemos encontrado hoy a José Manuel.

| | |
|---|---|
| asesinato *m* | Mord |
| exigir (algo de alguien) | (etw. von jdm.) verlangen, (jdm. etw.) abverlangen |
| pese a todo | nichtsdestotrotz |
| asustado | erschrocken |

Gloria mira fijamente con mucha seriedad a Márquez.

–Es extraño… Pero José Manuel tenía mucha imaginación, seguramente le gustaba estar entre las ruinas e imaginarse que era otra persona. Pero en cuanto al asesinato de Felisenda, estoy segura de que José Manuel no tiene nada que ver. Fue envenenada, ¿no se da cuenta? Eso exige una actuación planeada de la que es incapaz ese chico.

–Pese a todo, querría hablar con él.

–Hagamos un trato. Yo hablaré con él, con usted presente.

---

**Ejercicio 12: Formas del verbo.** Unterstreichen Sie die richtige Variante!

1. El padre de José Manuel se fue / iba de casa.

2. Márquez y la doctora López se pusieron / ponían de acuerdo.

3. Márquez dice que quería / querría hablar con José Manuel.

4. Todos estaban / estaba muy tristes por lo que pasó con Felisenda.

---

Márquez y la doctora López entran en la habitación de Blázquez. Este mira asustado a Márquez.

–No **te preocupes**, José, es un amigo mío –lo tranquiliza la doctora López.

–¿Y qué quiere? ¿Por qué está aquí?

–Porque estaba buscándote. Estábamos muy[i] preocupados, desde que te fuiste sin decir nada.

José Manuel no contesta, y mira la pared fijamente.

–¿Dónde estuviste todos estos días?

–Por ahí, de paseo.

| preocupar(se) | (sich) Sorgen machen, beunruhigen |
| molestar | belästigen, stören |
| enfadarse | sich ärgern |

–¿Estuviste en el Teatro Romano?

José Manuel parece sorprendido por la pregunta.

–No… Quiero decir, sí. ¿Por qué? Mucha gente fue, ¿no? Es el festival más importante de Mérida. Quería verlo yo también…

–¡Me parece estupendo! –exclama Gloria–. ¿Por qué no me avisaste? Yo también estaba allí. ¿Por qué parte estabas tú sentado?

–Por donde… –José Manuel se queda callado y luego grita–. ¿Por qué no se va ese señor? No me gusta como me mira.

–De acuerdo, me iré si es lo que quiere José Manuel. No quiero **molestar** –dice Márquez, disponiéndose a irse.

–Perdone, señor. Puede quedarse. Es que estoy algo nervioso. Es que no sé qué quiere el César.

–¿Qué César? –pregunta Gloria.

–El César me ordena cosas y **se enfada** mucho si no las hago.

Gloria mira asustada a José Manuel.

Die Adverbien *muy* und *mucho* werden häufig verwechselt. *Muy* steht vor einem Adjektiv oder Adverb und wird in der Regel mit „sehr" übersetzt. *Mucho* steht dagegen allein hinter einem Verb, auf das es sich bezieht.
*La doctora está muy preocupada.*
Die Ärztin ist sehr besorgt.
*José Manuel se asusta mucho.*
José Manuel erschreckt sich sehr.

–¿Quién es el César, José? ¿Es alguien del hospital?

José Manuel sonríe:

–No, él vive en un palacio. El César tiene más poder del que usted cree.

Entonces, Márquez decide intervenir:

–Tiene razón José·Manuel, es un hombre muy poderoso.

–¿Ves? Ya lo decía yo –dice José Manuel sonriente–. Este hombre también le conoce.

–¿Y quién más conoce al César?

–Oh, mucha gente…

–¿Esa noche, estuvo alguien con el César, o solo tú?

## Ejercicio 13: Indefinido. Formulieren Sie die folgenden Sätze im Indefinido!

1. Él es profesor de griego en el instituto en el que estudio.

   _____

2. Márquez duda un momento, pero luego toma una decisión.

   _____

3. Cuando Márquez llega al hospital, se encuentra con la doctora.

   _____

4. Loles Ramos peina y maquilla a Felisenda.

   _____

5. La doctora está en el Teatro Romano.

   _____

–No, el César visitó también a los actores, dándoles permiso para actuar… –dice José Manuel, sonriendo.

Márquez sonríe. Las cosas comienzan a **encajar**.

–De acuerdo, José, creo que vamos a dejarte descansar un rato, luego volveremos, ¿vale? –le dice la doctora.

Gloria López y el comisario salen de la habitación de Blázquez.

| | |
|---|---|
| **encajar** | zusammenpassen, sich zusammenfügen |
| **enterarse (de algo)** | (etw.) erfahren |
| **cariñosamente** | zärtlich, liebevoll |
| **vestuario** *m* | Garderobe |
| **desnudo** | nackt |

Márquez, entonces, llama a todos los miembros del Teatríptico. Cuando llegan, Laura y Ainara, que no se **enteraron de** la agresión al turista, saludan **cariñosamente** a Blázquez. Laura lo abraza y le da dos besos en las mejillas:

–José, ¿qué haces aquí? –le pregunta, pero el chico no contesta.

–¿De qué conocen a este muchacho? –pregunta Márquez con seriedad.

–Apareció en los ensayos de 'Antígona', como un admirador demasiado curioso… –dice Laura–. Al principio me enfadé porque quiso entrar en el **vestuario** cuando estaba casi **desnuda**, pero luego se lo perdoné. Es tan inocente…

–¿Ustedes lo conocen también? –pregunta Márquez a Luis Manuel y Fernando.

–Sí, lo vimos la noche anterior a la del estreno. Un chico un poco curioso, pero en fin, no lo hace con mala intención –dice Luis Manuel, sonriendo.

Kommen in einem Satz mehrere Objektpronomen vor, steht das indirekte Objekt vor dem direkten Objekt. Stoßen dabei die Pronomen der 3. Person aufeinander, werden *le* und *les* zu *se*. *Se lo perdoné*. Ich habe es ihm verziehen.

–Este chico había escapado del psiquiátrico, ¿lo sabían ustedes? Laura y Ainara parecen muy sorprendidas:

–No, no lo sabíamos –dice Ainara–. ¿Tiene algún problema grave?

–No es momento de hablar de eso, pero sí, este chico necesita tratamiento –dice Márquez, que **mira de reojo** a Luis Manuel y Fernando, pues quiere ver cómo reacciona José Manuel ante ellos.

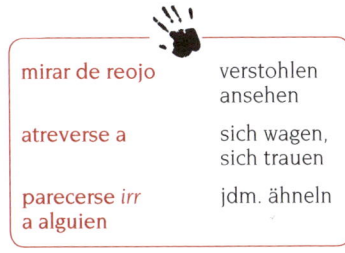

| | |
|---|---|
| **mirar de reojo** | verstohlen ansehen |
| **atreverse a** | sich wagen, sich trauen |
| **parecerse** *irr* **a alguien** | jdm. ähneln |

–Señor Gutiérrez, señor Duque, ¿quién es el César? –pregunta de repente Márquez.

Ambos actores lo miran muy sorprendidos, como si pensaran que quien debería estar en el psiquiátrico es el detective.

–¿Cómo? ¿Qué César?

–José Manuel me ha hablado de un tal César, que le ordena cosas…

Márquez observa muy atentamente a los actores. Mientras Fernando mira con los ojos muy abiertos, Luis Manuel parece pensar algo y no **atreverse a** decirlo. Márquez intenta ayudarle:

–En qué piensa, ¿recuerda a alguien que pueda ser este César?

Luis Manuel parece sorprendido por la pregunta, y responde algo nervioso:

–¡No, no, en absoluto! Estaba pensando en otras cosas pero… no conozco a ningún César.

Márquez mira fijamente a Luis Manuel, sin estar seguro de si dice la verdad o no. Entonces se acerca a José Manuel y le pregunta con seriedad:

–¿Cómo era el César? ¿**Se parecía a** alguno de estos dos hombres?

José Manuel contesta, sorprendido:

–¡No, no! El César era muy diferente, él… no se puede describir…

Márquez entonces se fija en un gesto que hace José Manuel, que se acaricia la barbilla mirando hacia arriba. Ese gesto le recuerda a alguien, pero no sabe exactamente a quién. Se le ocurre una idea.

**Ejercicio 14: Formas del verbo.** Lesen Sie weiter und setzen Sie die korrekten Verbformen ein!

–De acuerdo, chicos, **1.** creer _____ que es suficiente. Por el momento, no **2.** necesitar _____ más de vuestra ayuda, pero **3.** deber _____ seguir a disposición de la policía para cualquier pregunta.

–Por supuesto, intentaremos ayudar en cualquier cosa para encontrar al asesino de Felisenda –dice Luis Manuel.

Cuando se **4.** ir _____ los actores, Márquez habla a la doctora López:

–Necesito un permiso especial para salir con José Manuel del psiquiátrico.

–Pero, ¿cómo? ¿Qué es lo que **5.** querer _____ hacer?

–Creo que él fue utilizado por alguien, pero no sé por quién...

–José Manuel **6.** escaparse _____ hace unos días, no creo que sea bueno que salga tan pronto.

–Por favor, doctora López, es muy importante.
–Tengo que consultarlo con los otros médicos.

Gloria López se va durante unos minutos, que a Márquez le parecen eternos. Finalmente llega:

—De acuerdo, puede salir con él, pero bajo su exclusiva responsabilidad. Voy a acompañarles.

Entonces, Márquez llama a Antonio, el padre de Felisenda:

—Señor Gimeno, voy ahora a su casa de campo. Necesito hablar con usted, con Ramón y con Enrique.

—¿Qué ocurre? ¿Sabe ya quién fue el asesino de mi hija? —pregunta Antonio con voz muy nerviosa.

—Aún no estoy seguro, pero creo que muy pronto lo sabremos.

—Espero que así sea… De acuerdo, aquí lo esperamos.

—Solo le pido una cosa. Cuando llegue a su casa, quiero hablar con usted a solas, antes de que nos vean Ramón o Enrique —advierte Márquez.

—Como usted quiera. Aunque ellos son de confianza, no voy a decir nada a nadie.

| | |
|---|---|
| fijarse en | achten auf, bemerken |
| barbilla f | Kinn |
| ocurrírsele una idea a alguien | eine Idee haben |
| verja f | Zaun |
| asustar(se) | (sich) erschrecken |
| acompañar | begleiten |

En seguida Márquez va en coche con la doctora López y José Manuel hacia la finca de Antonio. La doctora conduce el coche del psiquiátrico, mientras Márquez le indica el camino. José Manuel, cuando ve que el coche se dirige al campo, se pone muy nervioso.

—¿Adónde vamos? ¿Adónde me lleváis? —pregunta.

—Vamos a ver a unos amigos.

Cuando llegan a la puerta de la verja, comienzan a ladrar unos perros. José Manuel se asusta.

Antonio viene a abrir la puerta. Márquez entra acompañado del chico.

—Vaya, qué pronto ha venido. ¿Quién lo acompaña?

—Es José Manuel, estuvo con Felisenda la noche del estreno.

—¿Cómo? —Antonio se queda helado, y mira con **incredulidad** a José Manuel—. ¿Él…?

—No, él no **tuvo** nada **que ver con** lo que **ocurrió** a su hija —interrumpe Márquez y, a continuación, dirigiéndose a José Manuel—. ¿Conoces a este señor?

—¿Qué preguntas son esas? ¿De qué nos íbamos a conocer?

José Manuel mira a Antonio fijamente, y luego dice:

—No. ¿Por qué me hace esas preguntas? ¿Por qué me ha traído aquí?

—De acuerdo. Señor Gimeno, podría hacer pasar a Ramón. Pero que pase solo él.

Al poco entra Ramón. Está despeinado, sin **afeitar** y con **señales** de haber dormido muy poco.

| | |
|---|---|
| **incredulidad** f | Ungläubigkeit |
| **tener** *irr* **que ver con** | zu tun haben mit |
| **ocurrir** | geschehen, passieren |
| **afeitar** | rasieren |
| **señal** f | Zeichen, Anzeichen; Spur |

—¿Qué ocurre? ¿Quién es este?

—¿No lo conoce?

—No, no lo he visto en toda mi vida.

—José Manuel, ¿tiene que ver algo él con el César?

—No lo conozco.

—De acuerdo. Ramón, ¿podrías llamar a Enrique?

—Como quiera, aunque no entiendo este teatro.

Ramón sale de la habitación en busca de Enrique. Entonces se oyen voces. Ramón y Antonio discuten.

—¿Cómo que se fue? ¿Adónde?

—No sé, Ramón, ya sabes cómo es mi hermano, hace lo que quiere…

Entonces, Márquez coge de la mano a José Manuel:

—¡Vamos! —y salen corriendo de la casa—. Gloria, ¿has visto a un hombre salir de la casa?

–Sí, un hombre salió y subió en una **furgoneta**.

–¿Qué dirección lleva?

–Se fue por el **camino dehesa adentro**.

Márquez y José Manuel suben al coche y Gloria conduce rápidamente por el **sendero** lleno de piedras. Mientras, Márquez llama a la policía de Mérida y avisa para que haya control en las carreteras. Afortunadamente, Gloria **apuntó** la **matrícula** de la furgoneta.

–Pero no creo que se dirija hacia la carretera. Ese camino sigue por la dehesa.

A los pocos kilómetros, encuentran la furgoneta. Un helicóptero de la policía **rastrea** la dehesa. Finalmente ven a un hombre cuidando unos árboles.

–Enrique, no sé de qué huye.

–¿Cómo? Ah, señor… detective… ¿cómo está? He venido a mirar estos olivos, que necesitan **riego**, con este verano caluroso…

| | |
|---|---|
| **furgoneta** *f* | Lieferwagen |
| **camino dehesa adentro** *m* | Weg in Richtung Weide |
| **sendero** *m* | Fußweg, Pfad |
| **apuntar** | *hier*: notieren |
| **matrícula** *f* | Autokennzeichen |
| **rastrear** | durchkämmen (Gebiet) |
| **riego** *m* | Bewässerung, Gießen |
| **desafiante** | herausfordernd |
| **sospechar** | vermuten; verdächtigen |
| **arrodillarse** | sich hinknien |
| **encerrar** *irr* | einsperren |

–Sí, es verdad, pero quería hacerle unas preguntas.

–Muy bien, y qué quiere saber –responde de repente, en tono **desafiante** y apoyando la mano en la cintura. Márquez **sospecha** que lleva una pistola y se pone en guardia.

En ese momento llega José Manuel:

–¡Mi César, por fin te encuentro! –grita el chico y **se arrodilla** ante Enrique.

–Pero, ¿qué es esto? –pregunta Enrique, confundido.

–¡César, cumplí mi misión, no dejes que me **encierren** de nuevo!

–¿Pero qué dices, de qué misión hablas? –Enrique parece ahora muy nervioso.

–Todas, mi César, defender el Imperio contra el bárbaro extranjero y dar a Cleopatra su merecido… –dice José Manuel. En ese momento, aprovechando el nerviosismo de Enrique, Márquez se lanza sobre él, lo inmoviliza y le pone las esposas.

| merecido | verdient |
|---|---|
| abatido | niedergeschlagen, bedrückt |
| decidir(se) | (sich) entscheiden |
| ⚡ romper con alguien | mit jdm. Schluss machen |
| soportar | aushalten, ertragen |
| insistir | bestehen auf, insistieren |

–Creo que tendrás que explicarme algunas cosas. Vamos de nuevo a casa de Antonio –dice el detective.

–¡No! –grita Enrique desesperado–. Contaré todo, pero no delante de mi hermano y de Ramón.

–De acuerdo –dice Márquez–. Lo escucho.

Enrique, abatido, comienza a hablar, mirando el suelo:

–Felisenda era mi amante, desde hace mucho tiempo. Nadie lo sabía, solo los actores de Teatríptico, porque nos veíamos durante los ensayos de la compañía…

–¿Ramón nunca sospechó nada?

–No, aunque yo no le soy simpático.

–¿Y por qué decidió matarla?

–Ella me dijo que no quería verme más, que quería casarse con Ramón y que tenía que romper conmigo. Yo no podía soportar la idea de estar sin ella, aunque lo nuestro fuera secreto. Me dijo que si yo insistía, ella contaría todo a Ramón, pero que lo contaría "a su

Der neutrale Artikel *lo* steht vor substantivierten Adjektiven, Ordnungszahlen und Possessivpronomen.
*lo bueno y lo malo*
das Gute und das Schlechte
*lo primero y lo último*
das Erste und das Letzte
*lo nuestro*
das Unsere; das mit uns

manera"… Entonces vi que no podía hacer nada, pero no soportaba la idea de verla casada con otro hombre.

–¿Y cómo involucró a José Manuel en todo esto?

–Yo conocía el caso de José Manuel Blázquez… –dice Enrique, y se calla.

–¿Cómo lo conocía?

–Esto es duro de decir pero yo… soy su padre.

–¿Usted es su padre?

–Sí. Así pude llegar al psiquiátrico, verlo, hablar con él y arreglar su fuga.

–¿Pero cómo? La psiquiatra no me dijo nada de usted.

–Fue gracias a otra persona…

–De acuerdo, dará usted los detalles al juez. Siga.

–Sabía del problema de mi hijo y me hice pasar por el César, le exigí obediencia absoluta, lo liberé y luego lo oculté en mi casa en Mérida durante unos

| | |
|---|---|
| involucrar | überreden, verwickeln |
| obediencia f absoluta | absoluter Gehorsam; Hörigkeit |
| convencer irr | überzeugen |
| detener irr | festnehmen, verhaften |

días. Durante los días anteriores al estreno vino conmigo a los ensayos de 'Antígona' y se hizo amigo de los actores y de Felisenda. La noche antes del estreno volví a verla e intenté convencerla de que no me abandonara, pero ella se negó. Entonces, preparé una bebida envenenada y mi hijo, obedeciéndome, se la sirvió a Felisenda el día del estreno y… –Enrique rompe a llorar, no puede seguir.

Márquez lo contempla sorprendido:

–¿Le parecía bien convertir a su hijo en un asesino?

–Él estaba de todos modos en el psiquiátrico…

Márquez, apenado, llama a la policía, hace detener a Enrique y evita el encuentro de este con Antonio y Ramón, mientras que a Blázquez lo llevan de nuevo al psiquiátrico.

**Test final**

**Soluciones**

**Glosario**

**Tabla de ejercicios**

# Test final

**Ejercicio 1: Comprensión.** Können Sie die folgenden Fragen zum Kurzkrimi 'El misterio del Camino de Santiago' beantworten? Formulieren Sie ganze Sätze!

**1.** ¿Dónde está la Ermita das Ánimas?

_____

**2.** ¿Quién hizo llegar informaciones falsas sobre Raimundo?

_____

**3.** ¿Quién se queda encerrada en la cripta?

_____

**4.** ¿Qué hay en la Isla de la Toja?

_____

**5.** ¿Quién es Maruxa?

_____

**6.** ¿Cuál es el plato más típico de Galicia?

_____

**Ejercicio 2: Artículos.** Bestimmter oder unbestimmter Artikel? Ergänzen Sie die folgenden Sätze!

1. Manuel Louzán es _____ de los hombres más ricos de la provincia.

2. Maruxa es _____ mujer de Raimundo.

3. _____ habitantes de Cordeiro son muy supersticiosos.

4. Creen en _____ leyenda de la Santa Compaña.

5. El pulpo a la gallega es _____ plato preferido de Elsa.

6. A Virginia no le gusta _____ clima de Galicia.


**Ejercicio 3: ¿Ser, estar o hay?** Setzen Sie in den folgenden Aussagen die korrekten Präsensformen von *ser, estar* oder *hay* ein!

1. En el pueblo de Elsa _____ una calle que se llama calle del Mar.

2. Tuy _____ una ciudad junto a la frontera de Portugal.

3. Al final de la historia, todos _____ contentos porque han salvado a Clara.

4. Sabina _____ azafata pero viaja como pasajera.

5. La jefa de azafatas _____ muy enfadada con Sabina.

6. Estrella _____ una niña muy valiente que ayuda a Sabina.

**Ejercicio 4: Indefinido.** Setzen Sie die Verben in der 3. Person des Indefinido ein!

**1.** ser _____

**2.** estar _____

**3.** hacer _____

**4.** querer _____

**5.** saber _____

**6.** poder _____

**7.** dar _____

**8.** tener _____

**Ejercicio 5: Formas del verbo.** Sabina beschreibt sich selbst: Füllen Sie die Lücken mit der passenden Verbform!

¡Ah!, y nunca **1. hacer** _____ fotografías: una foto es como un pedazo de vida que está muerto, y a mí me **2. gustar** _____ la vida. **3. reír** _____ mucho, **4. mirar** _____ directamente a la gente, **5. preguntar** _____ cosas inapropiadas en momentos poco oportunos pero nunca **6. recibir** _____ una respuesta desagradable. **7. saber** _____ que no molesto con mis preguntas, porque sé que transmito alegría. Así que normalmente no **8. escribir** _____, pero la policía me pide que cuente la historia, y ahora que **9. tener** _____ que hacerlo, no sé muy bien cómo. Cuando **10. recordarse** _____, todavía **11. ponerse** _____ nerviosa.

**Ejercicio 6: Imperativo y gerundio.** Wie lauten die Imperativform in der 2. Person Singular und das Gerundium der folgenden Verben?

**1.** coger    _____    _____

**2.** salir    _____    _____

**3.** ir    _____    _____

**4.** volver    _____    _____

**5.** pensar    _____    _____

**6.** hacer    _____    _____

**Ejercicio 7: Diálogo.** Ergänzen Sie die fehlenden Wörter und bringen Sie den Dialog Sabinas mit dem Kioskbesitzer in die richtige Reihenfolge!

☐ **a)** –Aquí tienes.

☐ **b)** –Son cinco _____ cuarenta.

☐ **c)** –Hola Sabina, ¿ _____ tal?

☐ **d)** –Gracias, hasta _____ .

☐ **e)** –Para eso estamos aquí. ¿ _____ te apetece?

☐ **f)** –_____ luego, Sabina.

☐ **g)** –Muy _____ , gracias. Necesito algo para leer.

☐ **h)** –Me llevo 'El País' y esta _____ de National Geographic.

☐ **i)** –La vuelta.

**Ejercicio 8: Comprensión.** Beantworten Sie die Fragen zum Kurzkrimi 'Crimen en el Teatro Romano de Mérida'!

1. ¿De qué región es Mérida la capital?

_____

2. ¿En qué obra actuaba Felisenda?

_____

3. ¿Qué es el Teatríptico?

_____

4. ¿Quién es Gloria López?

_____

5. ¿Quién mató a Felisenda Gimeno?

_____

**Ejercicio 9: ¿Imperfecto o indefinido?** Setzen Sie die Verben ins Imperfecto oder Indefinido!

Felisenda Gimeno **1. ser** _____ una joven actriz, hija de Antonio e Inés. Su novio **2. llamarse** _____ Ramón. Sin embargo, Felisenda **3. mantener** _____ una relación con su tío Enrique. Un día, Felisenda **4. decidir** _____ terminar con esta relación, porque **5. querer** _____ casarse con Ramón, pero Enrique no lo **6. aceptar** _____. En la noche del estreno, Enrique **7. ordenar** _____ a José Manuel, un chico con problemas mentales, que le diera una bebida a Felisenda. Esa bebida **8. contener** _____ un veneno.

 # Soluciones

## El misterio del Camino de Santiago

**Ejercicio 1:**   1. los mejores 2. las ideas 3. los kilómetros
4. las jóvenes 5. los días

**Ejercicio 2:**   1. está 2. está 3. hay 4. haber 5. es, Son
6. está

**Ejercicio 3:**   1. que 2. de 3. con 4. en 5. de 6. por

**Ejercicio 4:**   1. Los jinetes no persiguieron a los estudiantes. 2. La ermita está en una finca privada.
3. Virginia no estaba de acuerdo. 4. Clara se quedó encerrada en la cripta.

**Ejercicio 5:**   1. pinturas 2. finca 3. amiga 4. puerta
5. jinetes 6. antorchas 7. anciana

**Ejercicio 6:**   1. sorprendido 2. construido 3. llamado
4. terminado 5. contemplado 6. decepcionado

**Ejercicio 7:**   1. quién 2. dónde 3. cómo 4. qué

**Ejercicio 8:**   1. Después de 2. al 3. desde 4. entre 5. por
6. para

**Ejercicio 9:**   1. preguntando 2. explicando 3. insistiendo
4. teniendo 5. sabiendo 6. yendo

**Ejercicio 10:**   1. precisamente 2. inocentemente 3. finalmente 4. urgentemente 5. normalmente
6. completamente

**Ejercicio 11:**   1. encontraron 2. sabía 3. gusta 4. hizo
5. Tuviste

| | |
|---|---|
| **Ejercicio 12:** | **1.** hogar **2.** no **3.** hacia **4.** encapuchado **5.** mujer **6.** mayor |
| **Ejercicio 13:** | **1.** entiendo **2.** sonríe **3.** atraer **4.** siguen **5.** sirve **6.** entren **7.** vuelve **8.** dices **9.** sabes **10.** muere **11.** ríe **12.** tiene |
| **Ejercicio 14:** | **1.** festbinden ≠ soltar **2.** schuldig ≠ inocente **3.** gesund ≠ enfermo **4.** finden ≠ perder **5.** feige ≠ valiente **6.** sich nähern ≠ alejarse **7.** leider ≠ por suerte |

# Verano porteño

| | |
|---|---|
| **Ejercicio 1:** | **1.** que **2.** cómo **3.** muy **4.** con **5.** No **6.** tampoco **7.** más **8.** los |
| **Ejercicio 2:** | **1.** fui/fue **2.** fui/fue **3.** vine/vino **4.** estuve/estuvo **5.** llegué/llegó **6.** puse/puso |
| **Ejercicio 3:** | **1.** richtig **2.** falsch (A Sabina le gusta mucho su profesión.) **3.** falsch (No, en la vida de Sabina hubo un par de grandes y pequeños amores.) **4.** richtig |
| **Ejercicio 4:** | **1.** llegar al aeropuerto **2.** facturar **3.** pasar el control de la policía **4.** embarcar **5.** despegar **6.** volar **7.** aterrizar **8.** desembarcar **9.** recoger el equipaje **10.** salir del aeropuerto |
| **Ejercicio 5:** | Sabina va al mostrador y se pone a la cola. Delante de ella hay un hombre. Calcula unos veinte minutos de espera. Comprueba el número de su vuelo. Entonces lo nota: ¡ese olor! No sabe de dónde viene. Le recuerda automáticamente a M1. |

**Ejercicio 6:** **1.** richtig **2.** richtig **3.** falsch (La familia de Sabina vive en Argentina. Solo unos parientes viven en Israel.) **4.** richtig **5.** falsch (No, Sabina le da su número de teléfono al pasajero. Lo apunta en la revista.) **6.** falsch (No se vuelven a encontrar ni en la puerta de embarque ni en el avión. El pasajero queda desaparecido.)

**Ejercicio 7:** **1.** enfadado **2.** escondido **3.** despegado **4.** hecho **5.** puesto

**Ejercicio 8:** **1.** no des **2.** tengo **3.** dime **4.** me voy **5.** mira **6.** pienso

**Ejercicio 9:** **1.** d **2.** e **3.** a **4.** c **5.** b **6.** f

**Ejercicio 10:** **1.** se **2.** lo **3.** me **4.** te **5.** La **6.** mi

**Ejercicio 11:** **1.** está **2.** está **3.** están **4.** es **5.** es **6.** es, ser

**Ejercicio 12:** **1.** Tenéis **2.** me dejas **3.** es **4.** están **5.** podemos comunicarnos **6.** digo **7.** podemos hablar

**Ejercicio 13:** **1.** hables **2.** Daos **3.** Muéstreme **4.** Abran **5.** Disculpe **6.** te ligues

**Ejercicio 14:** **1.** aviones **2.** explicación **3.** relaciones **4.** razón **5.** direcciones **6.** bandoneón

**Ejercicio 15:** **1.** richtig **2.** falsch (Durante el vuelo, Sabina piensa en el pasajero, pero no puede dormir.) **3.** falsch (José, el hermano de Estrella, descubre que el asiento 156B está ocupado.) **4.** falsch (No, Sergio Prymak es el compañero del asesino. Ha tomado el vuelo a Buenos Aires para dar una pista falsa.) **5.** falsch (No, cuando la P2 amenaza de despedirlos, Marcelo acaba de ayudar a las chicas.) **6.** richtig

**7.** richtig **8.** falsch (El restaurante ¡Ché bandoneón! está en Madrid.) **9.** falsch (Sabina y Estrella encuentran el plano en el bolsillo de la gabardina.) **10.** richtig **11.** falsch (No, al final, la P2 les ayuda y llama a tierra para avisar a la policía.) **12.** richtig

# Crimen en el Teatro Romano de Mérida

| | |
|---|---|
| Ejercicio 1: | La, el, la, la, su, la, su, el |
| Ejercicio 2: | **1.** representación **2.** nervioso **3.** sangre **4.** capital **5.** error **6.** columna<br>**Lösung:** teatro |
| Ejercicio 3: | **1.** prisiones **2.** reyes **3.** representaciones **4.** actores **5.** atenciones **6.** teléfonos |
| Ejercicio 4: | **1.** llega **2.** se pone **3.** lleven **4.** pasado **5.** grita **6.** dice **7.** desmaya **8.** para |
| Ejercicio 5: | **1.** es **2.** fue **3.** hay **4.** Era **5.** era/fue **6.** era/fue |
| Ejercicio 6: | **1.** en **2.** A **3.** para **4.** desde **5.** sobre **6.** por |
| Ejercicio 7: | **1.** f **2.** h **3.** i **4.** j **5.** g **6.** a **7.** d **8.** b **9.** c **10.** e |
| Ejercicio 8: | **1.** digo **2.** dice **3.** es **4.** contesta **5.** Puedo **6.** responde **7.** sonríe **8.** tengo **9.** creo **10.** Estoy **11.** sé **12.** veo |
| Ejercicio 9: | **1.** Creo que debemos ir al lugar de los hechos. **2.** Los detectives se dieron cuenta de estos detalles. **3.** Vamos al bar a tomarnos un café con leche. **4.** Los testigos avisaron a la policía. |
| Ejercicio 10: | **1.** era **2.** estuvimos **3.** era **4.** tiene **5.** estamos **6.** espero **7.** podemos **8.** se encontraba |

**9.** estuvo **10.** dice **11.** dicen **12.** quería **13.** hacía **14.** vio

Ejercicio 11: **1.** por **2.** por **3.** para **4.** por **5.** a **6.** de, con

Ejercicio 12: **1.** fue **2.** pusieron **3.** querría **4.** estaban

Ejercicio 13: **1.** Él fue profesor de griego en el instituto en el que estudié. **2.** Márquez dudó un momento, pero luego tomó una decisión.
**3.** Cuando Márquez llegó al hospital, se encontró con la doctora. **4.** Loles Ramos peinó y maquilló a Felisenda. **5.** La doctora estuvo en el Teatro Romano.

Ejercicio 14: **1.** creo **2.** necesito **3.** debéis/deberíais **4.** van/han ido **5.** quiere **6.** se escapó

# Test final

Ejercicio 1: **1.** La Ermita das Ánimas está en una finca privada. **2.** Manuel Louzán hizo llegar informaciones falsas sobre Raimundo. **3.** Clara se queda encerrada en la cripta. **4.** En la Isla de la Toja hay un casino. **5.** Maruxa es la esposa de Raimundo Vaqueira. **6.** El plato más típico de Galicia es el pulpo a la gallega.

Ejercicio 2: **1.** uno **2.** la **3.** Los **4.** la **5.** el **6.** el

Ejercicio 3: **1.** hay **2.** es **3.** están **4.** es **5.** está **6.** es

Ejercicio 4: **1.** fue **2.** estuvo **3.** hizo **4.** quiso **5.** supo **6.** pudo **7.** dio **8.** tuvo

Ejercicio 5: **1.** hago **2.** gusta **3.** Río **4.** miro **5.** pregunto **6.** recibo **7.** Sé **8.** escribo **9.** tengo **10.** me recuerdo **11.** me pongo

| Ejercicio 6: | 1. coge, cogiendo 2. sal, saliendo 3. ve, yendo 4. vuelve, volviendo 5. piensa, pensando 6. haz, haciendo |
|---|---|
| Ejercicio 7: | 1. c) qué 2. g) bien 3. e) Qué 4. h) revista 5. b) con 6. a) 7. i) 8. d) luego 9. f) Hasta |
| Ejercicio 8: | 1. Mérida es la capital de Extremadura. 2. Felisenda actuaba en la obra 'Antígona' de Sófocles. 3. El Teatríptico es el grupo de teatro en que trabajaba Felisenda. 4. Gloria López es la psiquiatra que cuida a José Manuel Blázquez. 5. José Manuel mató a Felisenda, pero sin saberlo y bajo las órdenes de Enrique. |
| Ejercicio 9: | 1. era 2. se llamaba 3. mantenía 4. decidió 5. quería 6. aceptó 7. ordenó 8. contenía |

# Glosario

| | | |
|---|---|---|
| ⚡ | = umgangssprachlich |
| *f* | = feminin |
| *m* | = maskulin |
| *pl* | = Plural |
| *irr* | = unregelmäßiges Verb |

| | |
|---|---|
| abandonar | verlassen |
| abatido | niedergeschlagen, bedrückt |
| abrocharse el cinturón de seguridad | den Sicherheitsgurt anlegen |
| a buen paso | zügig, flott |
| abundante | ausgiebig, üppig, reichlich vorhanden |
| a. C. (ante Cristo) | v. Chr. |
| acceder | gelangen |
| acercarse (a) | sich nähern (an) |
| acompañar | begleiten |
| acudir (a) | *hier*: sich wenden an; sich einfinden |
| adelantarse | vorauseilen |
| además | außerdem |
| adivino/a *m/f* | (Hell-)Seher(in), Wahrsager(in) |
| afeitar | rasieren |
| agarrar | greifen, grob packen |
| agitarse | sich hin und her bewegen, sich schütteln |

| | |
|---|---|
| agredir | anfallen, angreifen |
| albariño *m* | Weißwein aus Galicien |
| aldea *f* | Dorf, Weiler |
| alejarse | sich entfernen |
| almas *f pl* en pena | Seelen im Fegefeuer |
| alojar | unterbringen |
| alta mar *f* | hohe See, offenes Meer |
| altavoz *m*, altavoces *pl* | Lautsprecher |
| amanecer | dämmern, Tag werden |
| amenaza *f* | Drohung |
| ametralladora *f* | Maschinengewehr |
| anciano/a *m/f* | alte(r) Frau/Mann, Greis(in) |
| angustia *f* | *hier*: tiefe Traurigkeit, Kummer, Angst |
| antecedente *m* | *hier*: Vorstrafe |
| antorcha *f* | Fackel |
| aparcamiento *m* | Parkplatz |
| aparcar | (ein)parken |
| aparecer *irr* | auftreten; erscheinen |
| a pesar de | trotz |
| apetecer *irr* | mögen, Lust haben auf |
| apuntar | notieren; zeigen auf, zielen auf |
| arrodillarse | sich hinknien |
| asesinado/a *m/f* | Ermordete(r) |
| asesinar | ermorden |
| asesinato *m* | Mord |
| asesino/a *m/f* | Mörder(in) |
| así que | also, sodass |
| asiento *m* | Sitz, Platz |
| asistir | beiwohnen, anwesend sein |
| asombrado | erstaunt, überrascht |
| asombro *m* | Erstaunen |
| asustado | erschrocken |
| asustar(se) | (sich) erschrecken |
| atado | gefesselt, festgebunden |
| atar | festbinden |

| | |
|---|---|
| atasco *m* | Stau |
| atendido por | betreut von |
| aterrizaje *m* | Landung (Flugzeug) |
| aterrorizado | (heftig) erschrocken, geschockt |
| atreverse a | sich wagen, sich trauen |
| azafata *f* | Flugbegleiterin |
| ballesta *f* | Armbrust |
| bandeja *f* | Tablett |
| barbilla *f* | Kinn |
| barro *m* | Schlamm |
| bata *f* | Kittel |
| bodega *f* (de carga) | *hier*: Frachtraum |
| brindis *m* | Trinkspruch, Toast |
| broma *f* | Witz, Scherz |
| bruja *f* | Hexe |
| bulto *m* | *hier*: Bündel |
| burlón, burlona | spöttisch, höhnisch |
| cabaña *f* | Hütte |
| cada vez más | immer mehr |
| cadáver *m* | Leichnam |
| caer *irr* bien | sympathisch finden |
| caer(se) *irr* | fallen |
| callado | ruhig, still, verstummt |
| callar(se) | schweigen, verstummen |
| caluroso | warm, heiß |
| calvo | glatzköpfig, kahl |
| caminata *f* | Fußmarsch, Wanderung |
| camino *m* dehesa adentro | Weg in Richtung Weide |
| cana *f* | weißes Haar |
| caña *f* de pescar | Angelrute |
| capucha *f* | Kapuze |
| cárcel *f* | Gefängnis |
| cariñosamente | zärtlich, liebevoll |
| cariñoso | zärtlich |
| celda *f* | Zelle |

| | |
|---|---|
| celoso | eifersüchtig |
| ⚡ ¡che! | Hey! (Ausruf, Argentinien) |
| chimenea *f* | Kamin |
| cicatriz *f* | Narbe |
| ciclo *m* (vital) | (Lebens-)Zyklus |
| cinturón *m* de seguridad | Sicherheitsgurt |
| ciudad *f* natal | Geburtsort, Heimatstadt |
| ciudadano/a *m/f* | Bürger(in) |
| clavar | einrammen, feststecken, (fest)nageln |
| cobarde *m* | Feigling |
| cobertizo *m* | Schuppen |
| cobertura *f* | Empfang (Handy) |
| coche *m* todoterreno | Geländewagen |
| codazo *m* | Ellbogencheck, Stoß mit dem Ellbogen |
| cola *f* del avión | Flugzeugheck |
| colgar *irr* | *hier*: auflegen; hängen |
| colina *f* | Hügel |
| colorado | *hier*: rot; farbig |
| comarca *f* | Gegend, Landkreis |
| comercio *m* | Geschäft |
| compañía *f* aérea | Fluggesellschaft |
| compañía *f* (de teatro) | (Theater-)Truppe, Ensemble |
| compasivo | mitfühlend |
| comprobar *irr* | (über)prüfen |
| condenar a muerte | zum Tode verurteilen |
| conquista *f* romana | römische Eroberung |
| conquistador *m* | Eroberer |
| conquistar | erobern; verführen |
| conseguir *irr* | erreichen; erhalten |
| contemplar | betrachten |
| contrabando *m* | Schmuggel |
| convencer *irr* | überzeugen |
| convencido | überzeugt |

| | |
|---|---|
| convicción *f* | Überzeugung |
| corrompido | korrupt |
| cotillear | tratschen |
| cripta *f* | Krypta |
| cuerda *f* | Schnur, Strick |
| culpable | schuldig |
| culpable *m/f* | Schuldige(r) |
| cultivo *m* | Anbau |
| cúpula *f* | Kuppel |
| curiosidad *f* | Neugier |
| dar *irr* con una noticia | *hier*: eine Information (im Internet) finden |
| dar *irr* el pésame | Beileid aussprechen |
| dar *irr* la espalda a alguien | jdm. den Rücken zudrehen, sich abwenden |
| darse *irr* cuenta de | etw. bemerken |
| darse *irr* la vuelta | sich umdrehen |
| darse *irr* prisa | sich beeilen |
| d. C. (después de Cristo) | n. Chr. |
| decepcionado | enttäuscht |
| decidido | entschlossen |
| decidir(se) | (sich) entscheiden |
| decís vos | du sagst (Argentinien) |
| de espaldas | *hier*: von hinten; rückwärts, rücklings |
| dehesa *f* | Weide; Koppel |
| ⚡ de mala gana | widerwillig, ungern |
| dentro de lo que cabe | im Rahmen des Möglichen |
| denunciar | anzeigen, verraten |
| de paso | nebenbei, bei der Gelegenheit |
| deprisa | eilig, schnell |
| de repente | plötzlich |
| desafiante | herausfordernd |
| desagradable | unangenehm |
| desalentado | mutlos; atemlos |
| desaparecer *irr* | verschwinden |

| | |
|---|---|
| desaparición *f* | Verschwinden |
| desatar(se) | (sich) losbinden |
| descender *irr* | (her)absteigen, herunterkommen |
| desconfianza *f* | Misstrauen |
| descorchar | entkorken |
| descubierto | entdeckt, ertappt |
| descubrimiento *m* | Entdeckung, Enthüllung |
| descubrir | entdecken, aufdecken |
| descuidado | nachlässig, ungepflegt |
| desnudo | nackt |
| despacho *m* | Büro, Sprechzimmer |
| despedir *irr* | *hier*: entlassen; verabschieden |
| despegar | abheben (Flugzeug) |
| despierto | wach |
| desviar la atención | ablenken |
| detener *irr* | festnehmen, verhaften |
| detenido/a *m/f* | Häftling |
| diseñar | entwerfen |
| distinguir | erkennen; unterscheiden |
| duda *f* | Zweifel |
| dudar | (an)zweifeln, zögern |
| echar a correr | loslaufen |
| echar de menos | vermissen |
| Edad *f* Media | Mittelalter |
| embalse *m* de Proserpina | Proserpina-Talsperre (aus römischer Zeit) |
| embarcar | an Bord gehen |
| embarque *m* | Einsteigen, An-Bord-Gehen |
| emeritense *m/f* | Einwohner(in) von Mérida |
| emperador *m* | Kaiser |
| empresario/a *m/f* | Unternehmer(in) |
| empujar | stoßen, drücken |
| encajar | zusammenpassen, sich zusammenfügen |
| en cambio | demgegenüber, jedoch |

| | |
|---|---|
| encapuchado | vermummt |
| encargarse de algo | sich um etw. kümmern |
| encerrado | eingesperrt, eingeschlossen |
| encerrar *irr* | einsperren |
| encina *f* | Steineiche |
| encontrar(se) *irr* con/a | treffen auf; sich treffen mit |
| en efecto | tatsächlich |
| enfadado | verärgert |
| enfadarse | sich ärgern |
| engañar | betrügen |
| enloquecer *irr* | verrückt werden, den Verstand verlieren |
| ennegrecido | schwärzlich, schwarz angelaufen |
| enrojecer *irr* | erröten |
| en serio | im Ernst |
| enterarse (de algo) | (etw.) erfahren |
| enterrar *irr* | beisetzen, beerdigen |
| entierro *m* | Begräbnis |
| entrega *f* | Lieferung |
| envenenado | vergiftet |
| en vez de | anstelle von, anstatt |
| enviar | (zu)senden |
| equipaje *m* de mano | Handgepäck |
| equipo *m* de pesca | Angelausrüstung |
| equivocarse | sich irren |
| ermita *f* | Kapelle, Einsiedelei |
| ermitaño *m* | Eremit |
| escalofrío *m* | Schauder |
| escapatoria *f* | Entrinnen |
| escepticismo *m* | Skepsis |
| esconder | verstecken |
| escondido | versteckt |
| espada *f* | Schwert |
| espalda *f* | Rücken |
| esquizofrenia *f* | Schizophrenie |

| | |
|---|---|
| estar *irr* de espaldas a alguien | mit dem Rücken zu jdm. stehen |
| estar *irr* fuera de lugar | fehl am Platz sein, unangebracht sein |
| estar *irr* harto de algo | etw. satt haben |
| estar *irr* para algo | für etw. aufgelegt sein |
| Esto me da mala espina. | Ich habe kein gutes Gefühl dabei. |
| exagerar | übertreiben |
| excepcional | außergewöhnlich |
| excusa *f* | Ausrede; Vorwand |
| exigir (algo de alguien) | (etw. von jdm.) verlangen, (jdm. etw.) abverlangen |
| explorar | erkunden, untersuchen |
| expulsar | vertreiben |
| extendido | ausgebreitet |
| extrañado | verwundert |
| extrañar(se) | (sich) wundern |
| extraño | seltsam, komisch |
| facturación *f* | Check-in |
| facturar | einchecken, (Gepäck) aufgeben |
| fallecer | sterben, verscheiden |
| fijamente | aufmerksam, sehr genau |
| fijarse en | achten auf, bemerken |
| fortaleza *f* | *hier*: Festung |
| frazada *f* | (Woll-)Decke |
| fundar | gründen |
| furgoneta *f* | Lieferwagen |
| gabardina *f* | Trenchcoat |
| gesto *m* de disgusto | Geste der Verärgerung |
| gruñir | grunzen, knurren |
| guiarse por algo | sich nach etw. richten |
| hacer *irr* caso | beachten; gehorchen |
| hacer *irr* gracia | Spaß machen, gefallen |
| hacerse *irr* cargo de algo | sich um etw. kümmern |
| hada *f* | Fee |

| | |
|---|---|
| halagado | geschmeichelt |
| hasta | *hier*: sogar; bis |
| herida *f* | Wunde, Verletzung |
| hierbas *f pl* | *hier*: Gräser, Kräuter |
| hogar *m* | Heim |
| hombro *m* | Schulter |
| huir *irr* | fliehen |
| humilde | bescheiden; einfach |
| hundido en sus pensamientos | in Gedanken versunken |
| iluminar con sabiduría | mit Wissen erhellen |
| impacientarse | die Geduld verlieren |
| impaciente | ungeduldig |
| impermeable *m* | Regenmantel |
| imprescindible | unerlässlich |
| inconveniente *m* | Schwierigkeit, Hindernis |
| incredulidad *f* | Ungläubigkeit |
| ininteligible | unverständlich |
| insistir | bestehen auf, insistieren |
| intentar | versuchen |
| intento *m* de asesinato | Mordversuch |
| internar | einweisen |
| interno/a *m/f* | Insasse, Insassin |
| interrogar | befragen, verhören |
| interrogatorio *m* | Befragung, Verhör |
| investigación *f* | Untersuchung, Ermittlung |
| involucrar | überreden, verwickeln |
| ir *irr* a por algo | etw. holen gehen |
| ir *irr* de caza | auf die Jagd gehen |
| irresistible | unwiderstehlich |
| jinete *m* | Reiter |
| junta *f* directiva | Vorstand |
| jurar | schwören |
| labio *m* | Lippe |
| lancha *f* | Boot, Kahn; Motorboot |

| ⚡ levantarse a alguien | jdn. anmachen (Argentinien) |
| ⚡ ligar a alguien | jdn. anmachen (Spanien) |
| ligero | leicht |
| linterna *f* | Taschenlampe |
| litera *f* | Schlafkoje; Stockbett |
| llamativo | auffällig |
| llanura *f* | Ebene |
| llevar la contraria a alguien | jdm. widersprechen |
| Lo acompaño en el sentimiento. | Mein Beileid. |
| localizador *m* vía satélite | GPS-Gerät |
| locura *f* | Irrsinn |
| lograr | schaffen, erreichen |
| lujoso | luxuriös |
| magnífico | ausgezeichnet, großartig |
| mala suerte *f* | Pech |
| maldito | verdammt, verflucht |
| maleducado | flegelhaft, schlecht erzogen |
| maletero *m* | Gepäckfach; Kofferraum |
| malicia *f* | Bosheit |
| manada *f* | Herde |
| manejar | umgehen mit, handhaben |
| maquilladora *f* | Visagistin |
| mariscos *m pl* | Meeresfrüchte |
| matrícula *f* | Autokennzeichen |
| medida *f* de seguridad | Sicherheitsmaßnahme |
| mercancía *f* | Ware |
| merecido | verdient |
| miembro *m* | Mitglied |
| mirar de reojo | verstohlen ansehen |
| ⚡ mocoso/a *m/f* | Grünschnabel, Dreikäsehoch, Fratz |
| molestar | belästigen, stören |
| molesto | verärgert, genervt |
| montadito *m* | kleine belegte Brotschnitte |

| | |
|---|---|
| mordaza *f* | *hier*: Knebel |
| morder *irr* | beiβen |
| mostrador *m* | Schalter |
| mostrar *irr* señas de | Anzeichen von etw. zeigen |
| murmullo *m* | Murmeln |
| murmurar | murmeln |
| nacimiento *m* | Geburt |
| narcotráfico *m* | Drogenhandel |
| no salir *irr* con vida | nicht überleben |
| obedecer *irr* | gehorchen |
| obediencia *f* absoluta | absoluter Gehorsam; Hörigkeit |
| obispo *m* | Bischof |
| obligación *f* | Pflicht |
| observador/a *m/f* | Beobachter(in) |
| obstáculo *m* | Hindernis |
| ocurrir | geschehen, passieren |
| ocurrírsele una idea a alguien | eine Idee haben |
| ofender | kränken, beleidigen |
| ofendido | gekränkt, beleidigt |
| ofrecer(se) *irr* | (sich) anbieten |
| olla *f* | Topf |
| orgulloso | stolz, hochnäsig |
| orilla *f* | Ufer |
| padecer *irr* | leiden an |
| Páginas *f pl* Amarillas | Gelbe Seiten |
| pálido | blass, bleich |
| papel *m* | *hier*: Rolle |
| parecerse *irr* a alguien | jdm. ähneln |
| parecido | ähnlich |
| pareja *f* | *hier*: Partner; (Ehe-)Paar |
| participar en | an etw. teilnehmen |
| pasadizo *m* | Durchgang |
| pasar de largo | weitergehen, vorübergehen |
| patrimonio *m* público | Gemeingut |

| | |
|---|---|
| peculiar | besonders, eigen, speziell |
| pedazo *m* | Stück |
| pedregoso | steinig |
| pegar un tiro a alguien | auf jdn. schießen |
| peligroso | gefährlich |
| pelirrojo | rothaarig |
| peregrino/a *m/f* | Pilger(in) |
| pescador/a *m/f* | Angler(in) |
| pescar | fischen, angeln |
| pese a todo | nichtsdestotrotz |
| perseguir *irr* | verfolgen |
| ⚡ perturbado/a *m/f* | Geistesgestörte(r) |
| piel *f* | Haut |
| pino *m* | Pinie, Kiefer |
| pista *f* | Spur, Fährte |
| pizarra *f* | *hier*: Schiefer |
| poner *irr* las esposas | Handschellen anlegen |
| poner *irr* rumbo a | eine Route einschlagen, Kurs nehmen auf |
| por desgracia | leider |
| por equivocación | aus Versehen |
| ¿Por quién me tomas? | Für wen hältst du mich? |
| portafolios *m* | Aktenkoffer |
| porteño | aus Buenos Aires, zu Buenos Aires gehörig |
| pradera *f* | Wiese |
| precaución *f* | Vorsicht |
| preocupación *f* | Besorgnis |
| preocupado | besorgt |
| preocupar(se) | (sich) Sorgen machen, beunruhigen |
| prestigioso | angesehen |
| prueba *f* | Beweis |
| puerta *f* de embarque | Gate (Flughafen) |
| pulpo *m* | Tintenfisch |

| | |
|---|---|
| puñetazo *m* | Fausthieb |
| rastrear | durchkämmen (Gebiet) |
| recibo *m* de compra | Kassenbon, Kaufbeleg |
| recompensa *f* | Belohnung |
| recorrer | entlanggehen, -laufen, durchqueren |
| reflexionar | nachdenken |
| reloj *m* de muñeca | Armbanduhr |
| rendirse *irr* | sich ergeben |
| resistir | widerstehen |
| resolver *irr* | lösen |
| ⚡ retar | schelten, ausschimpfen |
| retirado | in Rente, pensioniert |
| retirarse | *hier*: in Rente gehen; sich zurückziehen |
| reunión *f* | Versammlung, Sitzung |
| riego *m* | Bewässerung, Gießen |
| rifle *m* | Gewehr |
| rizado | gelockt |
| romper | zerreißen, zerbrechen, kaputtmachen |
| ⚡ romper con alguien | mit jdm. Schluss machen |
| rostro *m* | Gesicht |
| rueda *f* de prensa | Pressekonferenz |
| ruido *m* | Krach, Geräusch |
| rumbo a | Kurs auf, in Richtung |
| Santa Compaña *f* | Heilige Gefolgschaft, Totenprozession (im galicischen Volksglauben) |
| santiguarse | sich bekreuzigen |
| sendero *m* | Fußweg, Pfad |
| señal *f* | Zeichen, Anzeichen; Spur |
| separarse | sich trennen |
| serio | ernst |
| sermón *m* | *hier*: dummes Gerede; Predigt, Sermon |
| siglo *m* | Jahrhundert |

| | |
|---|---|
| siniestro | unheimlich |
| sollozo *m* | Schluchzen |
| sonrisa *f* | Lächeln |
| sonrojarse | erröten |
| soportar | aushalten, ertragen |
| sorprender | überraschen, erstaunen |
| sorprendido | erstaunt |
| sospecha *f* | Verdacht |
| sospechar | vermuten; verdächtigen |
| sospechoso | verdächtig |
| sótano *m* | Keller |
| suave | weich |
| subrayado | unterstrichen |
| sudario *m* | Schweißtuch |
| supersticioso | abergläubisch |
| suponer *irr* | annehmen, vermuten |
| susurrar | flüstern |
| susurro *m* | Flüstern |
| tapa *f* | Deckel |
| tardar en hacer algo | sich Zeit lassen, etw. zu tun, Zeit brauchen |
| tardar | dauern |
| tarjeta *f* de embarque | Bordkarte |
| temblar *irr* | zittern |
| tener *irr* que ver con | zu tun haben mit |
| ⚡ tener *irr* una cuenta pendiente con alguien | mit jdm. noch eine Rechnung offen haben |
| testigo *m/f* | Zeuge, Zeugin |
| tirador *m* | (Tür-)Griff |
| tomar por | halten für |
| torres *f pl* almenadas | zinnenbesetzte Türme |
| ⚡ total que | also, infolgedessen |
| ⚡ traer *irr* algo entre manos | etw. Im Schilde führen |
| tramo *m* | Abschnitt |

| | |
|---|---|
| tranquilizante *m* | Beruhigungsmittel |
| transmitir sus condolencias | sein Beileid aussprechen |
| trepar | hinaufsteigen, klettern |
| tronco *m* | Stumpf, Baumstamm |
| tutear | duzen |
| unir | vereinen, verbinden |
| unirse a alguien | sich zu jdm. gesellen, sich jdm. anschließen |
| vagar | umherirren |
| valer *irr* la pena | sich lohnen |
| valioso | wertvoll |
| valla *f* | Zaun |
| vaya | na so was |
| verja *f* | Zaun |
| vestuario *m* | Garderobe |
| vicio *m* | Laster |
| viga *f* | Balken |
| vigilado | bewacht |
| vigilar | bewachen |
| vista *f* | *hier:* Sehkraft; Sicht, Blick |
| vistoso | *hier:* kleidsam; ansehnlich |
| volverse *irr* (hacia) | sich (zu jdm./etw.) umdrehen |
| zapato *m* de charol | Lackschuh |
| zona *f* residencial | Wohngebiet |

# Tabla de ejercicios

# Lernkrimi Lektüren Spanisch

# Lernkrimi Hörbücher Spanisch

**El sacrificio**
ISBN 978-3-8174-2132-9

**Ataque en la montaña**
ISBN 978-3-8174-1819-0

**El misterio de la estudiante**
ISBN 978-3-8174-8267-2

**Una muerte trágica**
ISBN 978-3-8174-9439-2

**Música mortal**
ISBN 978-3-8174-1875-6

# Lernkrimi Rätselblöcke Spanisch

**Hasta la muerte**
ISBN 978-3-8174-1961-6

**El secreto de los amantes**
ISBN 978-3-8174-9157-5

**Sorpresa peligrosa**
ISBN 978-3-8174-8834-6

# Lernkrimi Comic Spanisch

**Rápido como la muerte**
ISBN 978-3-8174-1658-5

# Spannend Sprachen lernen

**Kriminell gut**

## So bunt war Sprachenlernen noch nie!

- ▾ spannende Comics für fortgeschrittene Anfänger
- ▾ landestypische Settings, actionreiche Szenen und authentische Sprache
- ▾ textbezogene Übungen nach jeder Geschichte
- ▾ Vokabelangaben auf jeder Seite
- ▾ Infokästen zu Sprache und Grammatik

ISBN 978-3-8174-1997-5

**www.circonverlag.de**